EL PEQUEÑO LIBRO

DE LAS

AURAS

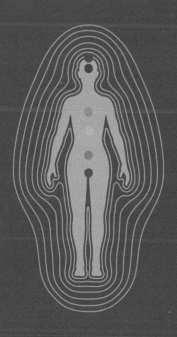

EL PEQUEÑO LIBRO

DE LAS

AURAS

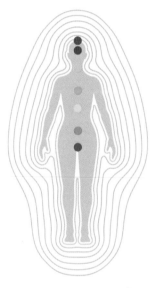

UNA INTRODUCCIÓN
A LOS CAMPOS DE ENERGÍA

CASSANDRA EASON

edaf

MADRID - MÉXICO - BUENOS AIRES - SANTIAGO
2023

Título original: *A Little bit of Auras: An Introduction to Energy Fields*, por Cassandra Esason
© 2018. Del texto, Cassandra Esason
© 2023. De la traducción, José Antonio Álvaro Garrido
© 2023. De esta edición, Editorial Edaf, S.L.U., Jorge Juan, 68 — 28009 Madrid, por acuerdo con
    Sterling Publishing Co., Inc., publicado por primera vez por Sterling Ethos, en una división de
    Sterling Publishing Co., Inc., 33 East 17th Street, New York, NY, USA, 10003, representados
    por UTE Körner Literary Agent, S.L.U., c/ Arago 224, pral 2.ª, 08011 Barcelona

Diseño de cubierta: © Sterling Publishing Co., Inc., adaptada por Diseño y Control Gráfico
Maquetación y diseño de interior: Adaptada del original por Diseño y Control Gráfico, S.L.

Editorial Edaf, S.L.U.
Jorge Juan, 68
28009 Madrid, España
Telf.: (34) 91 435 82 60
www.edaf.net
edaf@edaf.net

Ediciones Algaba, S.A. de C.V.
Calle 21, Poniente 3323 - Entre la 33 sur y la 35 sur
Colonia Belisario Domínguez
Puebla 72180, México
Telf.: 52 22 22 11 13 87
jaime.breton@edaf.com.mx

Edaf del Plata, S.A.
Chile, 2222
1227 Buenos Aires (Argentina)
edafadmi@gmail.com

Edaf Chile, S.A.
Huérfanos 1178 - Oficina 501
Santiago - Chile
Telf: +56 9 4468 05 39/+56 9 4468 0597
comercialedafchile@edafchile.cl

Julio de 2023

ISBN: 978-84-414-4246-7

Depósito legal: M-16280-2023

PRINTED IN SPAIN   IMPRESO EN ESPAÑA

COFÁS

CONTENIDO

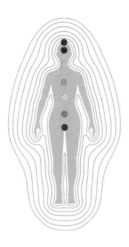

INTRODUCCIÓN

Imagínate el resplandor que aureola a los jóvenes enamorados, o a un niño fascinado por una gruta mágica de Papá Noel. Esa brillante gruta puede estar decorada con hadas de oropel. Los santos, tal como se los representa en las pinturas tradicionales, aparecen con la cabeza rodeada de una esfera dorada. La gente puede llegar a decir, cuando alguien les hace enojar, *lo vi todo rojo*, o *ella estaba verde de envidia*, porque ese es el color principal que se irradia y que captamos de forma intuitiva, sin que se vea físicamente. Auras como esas forman parte de nuestra percepción natural del mundo. En las sociedades primitivas, los cazadores que observaban desde una cueva, en lo alto de las colinas, sabían si los miembros de una tribu lejana que se acercaban tenían intenciones amistosas por las energías que emitían.

Todos tenemos un aura, un campo de energía con los colores del arcoíris, normalmente invisible al ojo físico, que puede percibirse psíquicamente con un poco de práctica. Nuestra aura rodea todo nuestro cuerpo formando una elipse tridimensional, constituida por siete bandas de diferentes colores. Esta aura revela nuestro estado de ánimo, nuestra personalidad y el estado de nuestra salud. Nuestra aura puede guiar nuestras interacciones con los demás, aunque nuestras acciones vayan en contradicción con los signos lógicos externos. Sin embargo, de manera invariable, nuestras acciones, cuando son impulsadas por el aura, resultan asombrosamente precisas.

En su estado más radiante y fuerte, el aura puede abarcar hasta un brazo alrededor del cuerpo. Este campo bioenergético espiritual del aura varía en tamaño y densidad según las condiciones. Se dice que Buda Gautama, el líder espiritual sobre cuyas enseñanzas se fundó el budismo, tenía un aura que se extendía a lo largo de varios kilómetros y, por tanto, influía en las personas de toda esa zona.

En este libro, aprenderás una variedad de técnicas para sentir, ver e interpretar tu propia aura, y también las de individuos y grupos, así como las de sus mascotas. De igual manera, descubrirás cómo limpiar, curar, fortalecer y proteger el aura y cómo utilizarla tanto para crear una buena impresión como para repeler las malas intenciones.

COMPRENDIENDO EL AURA

Las auras rodean a las personas, los animales, las plantas, los cristales e incluso los lugares. Con la práctica, las auras se perciben o ven fácilmente gracias a la clarividencia, utilizando las capacidades psíquicas innatas que todos poseemos. A través de la clarividencia, o sexto sentido psíquico, aprehendemos de manera intuitiva los colores del aura de un individuo. Mediante la psicometría, o tacto psíquico, podemos sentir, con la punta de los dedos, la salud y los colores del aura. Y por la clarividencia, vemos el aura con el ojo de la mente. Algunos aprenden a ver el aura de manera tangible.

Las franjas de energía espiritual que componen el aura se vuelven progresivamente menos densas y más etéreas, cuanto más se alejan del cuerpo físico. Los niveles más externos —azul, índigo y violeta— son los más elevados espiritualmente, hasta llegar a un punto en el que en los bordes del aura nuestras energías aura se funden, como pura luz blanca y oro, con el cosmos. A veces, una o más capas pueden predominar y parecer que cubran toda el aura. O pueden parecer pálidas, o faltar por completo, dependiendo del estado actual de nuestra salud y de lo que esté ocurriendo en nuestras vidas. Aunque nuestra aura tiene siete capas, muchas personas operan principalmente a través de las cuatro capas más internas. De hecho, cuanto más trabajes con el aura, más en sintonía estarás con tus energías espirituales, y con tus ángeles y guías espirituales.

FUENTES DE ENERGÍA DEL AURA

La energía del aura se transmite hacia y desde el cuerpo a través de siete centros energéticos invisibles principales, llamados chakras, así como de otros numerosos canales energéticos más pequeños.

Estos centros de energía forman parte del cuerpo interior espiritual o etérico, hecho de luz y la parte de nosotros que sobrevive a la muerte. Las energías puras de luz blanca de nuestro ser espiritual se difunden o dividen en las siete franjas de luz arcoíris, que irradian más allá y alrededor de todo el cuerpo, y se ven con mayor claridad alrededor de la cabeza y los hombros. En la práctica, las auras alrededor de la cabeza y el cuello son las más accesibles para la limpieza, el sellado contra el estrés o la falta de amabilidad, y la sanación. Los efectos de una intervención positiva pueden experimentarse en toda el aura, el cuerpo y la mente.

Cada chakra está alimentado por y para potenciar una capa específica del aura del mismo color, tal como se indica en el capítulo 5 (página 67). Tu aura recibe energía de los campos energéticos individuales de otras personas y de tus animales de compañía, en forma de amor, lealtad, aceptación y aprobación.

Nuestros campos energéticos también se ven mermados por el ruido, la contaminación, los rayos de ordenadores, televisores, teléfonos móviles y aparatos eléctricos, las toxinas y el comportamiento negativo o controlador de otras personas, como las críticas injustas, la frialdad, el rencor o la posesividad. La protección del aura es tan vital por la noche como cerrar con llave la puerta principal, porque a veces la negatividad deliberada o que flota suelta puede afectar de forma dañina a tu aura mientras duermes, que es cuando es más vulnerable.

EL CAMPO ENERGÉTICO UNIVERSAL

El campo de energía universal, percibido como luz blanca pura —que está hecha de los colores del arcoíris sincronizados— fluye hacia cada aura individual y recibe impresiones y sentimientos de las auras individuales, también en constante intercambio. Es la fuerza vital pura, llamada *qi* en la tradición japonesa, *chi* por los chinos, *prana* en la espiritualidad hindú, *mana* en Hawai y *ruach* en el mundo hebreo.

La fuerza vital puede absorberse en el aura a través de los alimentos naturales, el agua y los zumos frescos, y mediante cualquier alimento no procesado, como la carne, la fruta, los cereales y las verduras.

El campo energético universal está formado por las energías colectivas de otras personas, lugares, animales y fuentes de la fuerza vital, como los cristales, las flores, el sol, la luna, las influencias astrológicas y los flujos estacionales, por lo que cambia de manera constante. La sabiduría de los ángeles y los espíritus guía penetra a través de nuestro campo de energía personal. Este campo de energía personal también abarca las experiencias universales y la sabiduría de las personas de todos los tiempos y lugares. Nuestra aura personal contiene las experiencias de nuestras vidas pasadas y la sabiduría que hemos adquirido de antepasados, recientes y antiguos.

Además, los campos de energía colectiva se acumulan sobre los edificios, desde los hogares y los lugares de trabajo hasta las abadías y los lugares antiguos, como son los campos de batalla, y estos campos de energía colectiva permanecen asociados a tales lugares. Son las energías liberadas por los individuos que vivieron y trabajaron o murieron allí en diferentes épocas. Por este motivo, es posible que percibas una atmósfera feliz en un antiguo monasterio en el que diferentes generaciones vivieron de forma tranquila, contemplativa e invariable durante siglos. Por el contrario, un campo de batalla se sentirá oscuro incluso siglos después, debido a todo el sufrimiento y la brutalidad que se infligió allí, y tales impresiones son especialmente fuertes en el aniversario de la tragedia.

INTERPRETANDO EL AURA

Los niños pequeños, que son clarividentes por naturaleza, aunque nunca hayan estudiado ni oído hablar del concepto de aura, ven y a menudo dibujan colores alrededor de las personas y dicen: «Oh, esa es una señora verde o un gato rosa», porque están captando los sentimientos esenciales o el carácter del sujeto. A medida que los niños adquieren más educación y aprenden que los gatos son físicamente negros, blancos y marrones, pero nunca rosas, la visión física de lo que es tangiblemente visible se impone. Pero la capacidad de detectar e interpretar auras nunca desaparece.

SINTIENDO EL AURA

La mayor parte de la consciencia de la existencia del aura en la vida cotidiana proviene de percibir la misma los demás, y todos lo hacemos de manera inconsciente. Cuando alguien que no conoces o que no te cae bien se te acerca demasiado, aunque no te esté tocando físicamente, puedes sentirte incómodo, porque está invadiendo tu aura o tu espacio personal. En cambio, cuando un niño pequeño o tu amante se acurrucan a tu lado, no hay ninguna barrera definida entre tú y la otra persona; los límites del campo energético se han relajado y fluyen temporalmente en uno solo.

SINTIENDO TU ARCOÍRIS

Aunque los colores del aura no se vean físicamente, el estado de ánimo o la personalidad de una persona se transmiten en forma de uno o varios colores y se experimentan como una sensación. Algunas personas con deficiencias visuales graves, sobre todo si antes tenían buena visión, pueden distinguir los colores mediante el tacto.

Los daltónicos también aprenden rápidamente, a través del tacto, a reconocer las diferentes energías y fuerzas del aura, y pueden sentir, por ejemplo, el poder del rojo y discriminar sus diferentes tonos, ya sean apasionados o furiosos. También, en la sanación, se pueden sentir los nudos y los atascos.

El rojo transmite calor y fuerza; el naranja, calidez y confianza; el amarillo, concentración y estimulación de las ideas; el verde, suavidad y fluidez; el azul, frescor, calma y ondulación; el añil, paz y elevación; y el violeta, percepción espiritual y, tal vez, conciencia repentina de la presencia de un ángel o guía espiritual.

Una vez que domines este sencillo ejercicio, podrás identificar los colores de tu aura y los de la de los demás manteniendo la mano por encima de la cabeza y los hombros y avanzando gradualmente por las capas.

Experimentar con la psicometría o el tacto psíquico

Coloca en una caja o recipiente siete cintas de distintos colores: rojo, naranja, amarillo, verde, azul, añil y violeta. Mézclalas, cierra los ojos y ve cogiendo una a una, por turnos, durante uno o dos minutos, describiendo en una grabadora de voz qué se siente con cada color. Asigna un número a cada color, antes de describirlo.

Mantén las cintas en el orden en las que las sientes, o pide a un amigo que las coloque en orden después de coger cada una, hasta que las hayas cogido todas, y después comprueba las sensaciones que has transmitido con tus palabras.

Sigue después practicando con cristales de distintos colores, flores, velas apagadas y alimentos. La identificación de los colores le resultará aún más fácil con materiales orgánicos.

Clarividencia o percepción psíquica

Para la siguiente etapa, mezcla las cintas con los ojos cerrados y mantenlos así cerrados mientras las colocas sobre una mesa, dejando un buen espacio entre cada una, para que las energías no se mezclen. De nuevo, si así lo deseas, pide a un amigo que te ayude. Puede ser bueno aprender sobre las auras con otro entusiasta del asunto.

Esta vez, mantén las manos a unos centímetros por encima de cada cinta, con los ojos cerrados, utilizando de nuevo una grabadora y asignando a cada una un número.

Cuando te sientas seguro utilizando ambas técnicas, añade colores secundarios que también puedan aparecer en el aura; el marrón es la tierra y la estabilidad, el rosa es el amor y la crianza, y el gris es el equilibrio y la intimidad.

VEINTE MANERAS DE MEJORAR INSTANTÁNEAMENTE TU AURA

1. Come frutas y verduras de colores vivos, crudas o ligeramente cocinadas, para que tu aura esté más radiante. Las bayas y los pimientos crudos elevan la energía del aura al instante.

2. Sal al exterior con luz natural, por espacio de unos minutos, siempre que sea posible, si trabajas en un entorno de iluminación artificial constante, que este un sumidero del aura.

3. Trabaja con un plato de cristales mezclados, con los diferentes colores del arcoíris. Cuando te despiertes, coge un cristal sin mirarlo y sostenlo en tus manos ahuecadas. Somos atraídos automáticamente, a través de los centros sensibles de energía de las palmas de las manos y las puntas de los dedos, hacia el cristal más útil, y el que escojas será el color que más necesite tu aura.

4. Si sientes hostilidad a tu alrededor, junta las palmas de las manos y vuélvelas a separar hasta que casi se toquen y luego sepáralas varios centímetros, muy despacio, para acumular energía entre ellas. Cuando sientas que tus manos se vuelven pesadas, sepáralas con rapidez (puede resultar difícil) y sacude los dedos sobre tu cabeza y hombros, por encima de la línea del cabello. Esto creará chispas psíquicas alrededor de toda tu aura que ahuyentarán el rencor o la hostilidad.

5. Mantén una maceta con flores aromáticas en crecimiento alrededor de tu casa u oficina para que circulen e infundan salud a tu aura.

6. En los días oscuros y fríos, vístete al menos un color brillante para estimular tu aura, y contrarrestar así las energías somnolientas y apagadas que pueden minar el entusiasmo.

7. Prepara bebidas con agua en la que hayas sumergido un cristal de ágata de encaje azul, jade o amatista durante dos o tres horas, y ofrécela a personas criticonas o hiperactivas. Esto armonizará sus auras con la tuya. Si no es posible conseguir que la beban, beber el agua tú mismo, puesto que eso protegerá tu aura contra ellos.

8. Bebe mucha agua todos los días. El café, el té, las bebidas gaseosas y cualquier bebida con aditivos pueden resecar e irritar el campo energético del aura.

9. Los ejercicios moderados, tales como bailar, nadar, caminar o montar en bicicleta, ayudarán a hacer circular las energías del aura, y serán incluso mejor que las actividades demasiado vigorosas, que pueden agotar las reservas, haciendo que las energías salgan disparadas al azar, en todas direcciones.

10. Evita el contacto excesivo con materiales sintéticos y, siempre que sea posible, lleva puestos tejidos naturales en contacto la piel, para no sofocar su aura.

11. Si trabajas con maquinaria de alta tecnología o utilizas mucho el móvil o el ordenador en casa, coloca malaquita verde o cuarzo ahumado gris entre la máquina y tú. También puedes guardar un pequeño cristal junto al teléfono móvil, para evitar que absorba energía de tu aura.

12. Las mascotas son muy buenas transfiriendo sus energías de amor y aceptación, desde su aura a la tuya. Mientras acaricias a tu mascota, imagina sus suaves energías marrones, rosas y verdes superponiéndose a las tuyas como una suave cubierta protectora.

13. Envía el poder del aura a quien lo necesite, como, por ejemplo, un hijo o una pareja, aunque esté ausente, sosteniendo en tu mano una foto suya y, mientras respiras suavemente, imagina que una tenue luz rosa la envuelve. Esto es algo beneficioso si la persona querida se encuentra lejos.

14. Ten macetas de hierbas frescas en tu cocina para difundir una sensación de abundancia y atraer cosas benéficas al aura o campo energético de tu hogar.

15. Coloca campanas de viento, campanillas, plantas con plumas y espejos alrededor de tu casa, para mantener viva el aura del hogar y que fluyan las energías saludables.

16. Las joyas de oro llenarán tu aura de confianza y concentración, y resultan útiles si necesitas impresionar a los demás o mostrar autoridad.

17. Las joyas de plata aumentarán la armonía y aportarán paz y reconciliación a cualquiera de tus relaciones.

18. Las joyas de cobre llenarán tu aura de amor, y atraerán y aumentarán el amor en tu vida.

19. Si te sientes totalmente agotado o deprimido, pasa con suavidad un péndulo o punta de cristal de cuarzo transparente, en círculos y en el sentido de las agujas del reloj, por encima de tu cabello, luego hacia abajo hasta tus cejas, también en círculos y en el sentido de las agujas

del reloj, apenas tocando la piel, luego sobre tu garganta y los puntos de tu muñeca, para incrementar las energías de tu corazón. Esto es algo que te suministrará una rápida infusión de poder y entusiasmo.

20. Cuando necesites dormir o descansar, pasa un péndulo de cristal de amatista o una punta de cristal en el sentido contrario a las agujas del reloj, de la misma manera que antes, en esta ocasión para aquietar tu aura, y que puedas descansar y restablecerte.

En los dos primeros capítulos aprenderemos el significado de los diferentes colores del aura, no solo para interpretar la misma, sino también para sanarla y limpiarla. El mismo proceso también aportará armonía al aura de un grupo de personas en el trabajo o en una reunión social.

LOS COLORES
DEL AURA

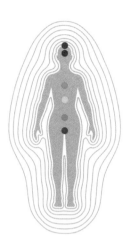

LOS CAPÍTULOS 1 Y 2 CONTIENEN TODA LA INFORMACIÓN básica que necesitas para interpretar los colores del aura, así como los cristales, las fragancias y los arcángeles asociados a los mismos. De esta forma, puedes utilizarlos para limpiar, fortalecer y curar zonas individuales del aura, así como el aura en su conjunto. Cada color tiene connotaciones positivas y negativas, según su tonalidad y claridad.

Sin embargo, si quieres empezar a leer auras desde el comienzo, ve al capítulo 3 (página 45) y al capítulo 4 (página 57), para aprender diferentes métodos de interpretación del aura. Vuelve al capítulo 1 y al capítulo 2 (página 33) a medida que trabajes, para comprobar los significados de los colores que percibes o ves.

En la práctica, una vez que hayas empezado a aprender sobre el significado del color del aura, de repente te darás cuenta de que existen uno o dos colores predominantes que envuelven a cada persona. También percibirás de manera espontánea el estado de ánimo de alguien, incluso si le ves acercarse a ti, cruzando por un aparcamiento por los colores que se ve o se intuye a su alrededor, sobre todo alrededor de la cabeza y los hombros.

Del mismo modo, cuando conozcas a nuevas personas, te darás cuenta, con toda naturalidad, de que puede resumir su carácter por los colores que irradian e, invariablemente, los hechos te darán la razón. Esto puede serte útil en todo tipo de situaciones, desde las situaciones en las que conoces a nuevos miembros de la familia hasta entrevistas de trabajo. Los niños pueden ver el aura de forma automática, así que es cuestión de relajarse y dejar que tal capacidad aflore en ti.

En las colas de las cajas del supermercado, en un concierto, en un atasco, en una cafetería o cuando llegan visitas al lugar de trabajo, pregúntate si ese alguien es una persona azul, roja, verde o amarilla, y comprueba los colores cuando llegues a casa para ver si coinciden con el comportamiento o las palabras de la persona.

LOS NIÑOS Y LOS COLORES DEL AURA

Mientras que la mayoría de los adultos muestran dos o tres colores de aura consistentes que indican la sustancia de su carácter, así como un color general temporal más parpadeante, que cambia con el estado de ánimo, los bebés comienzan con auras blancas o doradas al nacer y algunas comadronas describen una luz dorada cuando llega el bebé. Si el parto es traumático, el aura puede ser blanca y brumosa de manera temporal.

Hacia el año de edad, a medida que el niño se integra más en el mundo, opera a través de los niveles violeta/índigo, que le permiten ser muy psíquico, aunque esta capacidad puede ir desapareciendo gradualmente en los años preescolares. Al mismo tiempo, el recién nacido también mostrará el nivel raíz del rojo debido a su total dependencia de quien le cuida para sobrevivir. El niño pasará a las necesidades y deseos de la capa naranja alrededor de los dos años, y empezará a aprender la lógica del amarillo y las relaciones de amor mutuo del verde en sus primeros días de escuela. Para muchos niños, el acceso a los chakras superiores desaparece a los siete años, pero algunos lo conservan, junto con su clarividencia natural.

Sin embargo, algunos niños muy sensibles conservan un predominio de índigo en sus auras y les resulta difícil desenvolverse en el mundo cotidiano, ya que no les gusta el *ruido*; es decir, la falta de honradez de las personas que fingen ser lo que no son. Pueden sufrir problemas educativos, hiperactividad e incluso dificultades de comunicación, como pasa con el síndrome de Asperger, porque no están en sintonía con el mundo, y sus compañeros menos sensibles pueden burlarse y acosarles.

A veces nacen niños con auras arcoíris completas, con todos los colores brillantes y equilibrados, y parece que han venido a traer la paz al mundo. Estos bebés están inusualmente alertas, pueden ver espíritus y ángeles, pueden interactuar maravillosamente con los animales, y a menudo son extraordinariamente sabios, con conocimiento de vidas pasadas desde una edad temprana.

LOS SIETE COLORES PRINCIPALES DEL AURA

El rojo, el naranja, el amarillo y el verde representan los niveles del aura de la vida cotidiana terrenal interior y de las relaciones, mientras que el azul, el índigo y el violeta reflejan los niveles espirituales superiores. Los colores van del rojo, que está más cerca del cuerpo y bien definido, a la séptima capa difusa más externa, el violeta, que se funde con el blanco y el dorado del cosmos. He incluido el blanco en este capítulo, ya que a menudo se considera que forma parte de la séptima capa, o que la impregna. Otros colores cósmicos y subsidiarios están contenidos en las bandas separadas que describo en el capítulo siguiente, o cubren estas.

Aura predominante

Chakra Corona

Chakra Tercer Ojo

Chakra Garganta

Chakra Corazón

Chakra Plexo Solar

Chakra Sacro

Chakra Raíz

Rojo

Relacionado con la acción, la supervivencia, el cambio, el poder, la energía física, el coraje, la determinación y la pasión; el color del cruzado. El rojo forma la capa más interna del aura.

CUALIDADES POSITIVAS: Si es de un rojo claro brillante, escarlata o rubí vivo, indica una vida vibrante, la capacidad de superar cualquier obstáculo, el deseo de iniciar un cambio positivo y que el portador es un amante apasionado.

CUALIDADES NEGATIVAS: El rojo metálico brillante indica mal genio, carácter bravucón, tendencia a estallar en caso de frustración, e impulsividad o tendencia a asumir de riesgos. Cuando el rojo es apagado o áspero, revela furia reprimida, naturaleza irritable y resentimiento por injusticias percibidas, y que se encrespan con rapidez. Las auras con destellos escarlata sugieren una naturaleza coqueta y tal vez una pasión inapropiada.

ARCÁNGEL: Camael, arcángel de Marte, que cabalga su leopardo hacia la victoria.

FRAGANCIAS: Canela, ciprés, sangre de drago, jengibre y menta.

GEMAS Y CRISTALES QUE LA FORTALECEN: Ágata sanguina, ópalo de fuego, heliotropo, granate, jaspe, meteorito, obsidiana, aventurina roja, ojo de tigre rojo y rubí.

CHAKRA: Raíz o base.

Naranja

Relacionado con la confianza, la independencia y un fuerte sentido de la identidad, la fertilidad, la autoestima, la salud, la felicidad y los deseos personales; el color del integrador.

El naranja forma la segunda capa del aura, saliendo del cuerpo.

CUALIDADES POSITIVAS: El naranja cálido y rico indica la capacidad de integrar diferentes aspectos de la vida; sociabilidad; automotivación, originalidad y capacidad creativa; y también un carácter abierto, entusiasta y optimista. El naranja vivo es un signo excelente para quienes desean tener hijos.

CUALIDADES NEGATIVAS: Un naranja pálido puede indicar falta o pérdida de identidad o baja autoestima, alguien que basa su sentido del valor y la identidad solo en lo que piensan los demás, o alguien que sufre acoso. Un naranja turbio puede indicar un ego hipersensible y tendencia a la territorialidad. El naranja demasiado intenso representa excesos y obsesiones, especialmente cuestiones relacionadas con la comida y la imagen personal.

ARCÁNGEL: Gabriel, arcángel de la luna.

FRAGANCIAS: Eucalipto, jazmín, limón y mirra.

FORTALECIMIENTO DE GEMAS Y CRISTALES QUE LA FORTALECEN: Plata, piedra lunar, nácar, perla, ópalo y selenita.

CHAKRA: Sacro.

Amarillo

Relacionado con la lógica y los logros intelectuales, las capacidades especulativas, la versatilidad y la destreza mental, y el carácter cambiante o inquieto. Es el color del comunicador y el viajero.

El amarillo es el tercer nivel del aura, hacia el exterior, y una de las capas de la vida cotidiana.

CUALIDADES POSITIVAS: El amarillo limón claro es el color de una mente centrada y una memoria aguda, de la perspicacia financiera y empresarial, especialmente en lo que tiene que ver con la especulación y la pericia tecnológica. El amarillo brillante es el color de la alegría y de la comunicación clara, y el amarillo canario brillante sugiere un actor o animador en potencia. El marrón amarillento claro delata a una mente científica o matemática.

CUALIDADES NEGATIVAS: Las rayas amarillas irregulares indican hiperactividad, mientras que el amarillo mostaza puede ocultar celos o resentimiento. El amarillo metálico encubre intenciones poco honestas y una tendencia al juego. El amarillo limón agudo puede ser lógico, pero también puede delatar una lengua afilada y sarcástica. El amarillo mostaza también puede indicar rencor o un posible chismoso. Un amarillo muy frío puede sugerir que la cabeza siempre manda sobre el corazón.

ARCÁNGEL: Rafael, arcángel de la curación, los viajes y el empresario.

FRAGANCIAS: Lavanda, lirio de los valles, melisa, hierba limón e hinojo.

GEMAS Y CRISTALES QUE LA FORTALECEN: Calcita (calcita amarilla y miel), crisoberilo, crisoprasa limón, citrino, jaspe, cuarzo rutilado y topacio amarillo.

CHAKRA: Plexo solar.

Verde

Relacionado con el amor, la fidelidad, la confianza, la armonía, el crecimiento natural en todos los sentidos y la preocupación por el medio ambiente; es el color de la gente natural.

El verde es la cuarta capa del aura, que se desplaza hacia el exterior, y es también el último nivel de la vida cotidiana. En sus límites exteriores, refleja el amor por la humanidad.

CUALIDADES POSITIVAS: El color verde rico y claro denota un corazón fiable y cariñoso, que es generoso con el tiempo, el amor y el dinero, y que las palabras que se pronuncian salen del corazón. Un aura verde es el signo de una persona profundamente comprometida en el amor. El verde esmeralda delata a un sanador natural, especialmente en el campo alternativo, y a alguien que tiene suerte por naturaleza.

CUALIDADES NEGATIVAS: El verde pálido sugiere dependencia emocional. Un verde apagado y turbio puede revelar emociones conflictivas o un posible vampiro emocional que chupa la energía de los demás. El verde amarillento puede ser un signo de posesividad y chantaje emocional. El verde lima puede apuntar a estrés en las relaciones actuales. Un aura verde turbio u oscuro puede delatar a quienes aman imprudentemente y demasiado, o que suspiran por un amor no correspondido.

ARCÁNGEL: Anael, el arcángel del amor duradero, la fidelidad y el crecimiento natural en cualquier materia.

FRAGANCIAS: Flor de manzano, hierba luisa, magnolia y vainilla.

GEMAS Y CRISTALES QUE LA FORTALECEN: Amazonita, aventurina, crisoprasa, esmeralda, fluorita, jade, malaquita, ágata musgosa, peridoto y turmalina.

CHAKRA: Corazón.

Azul

Relacionado con los ideales; visión amplia, tanto de perspectivas mentales como de horizontes físicos; autoridad natural y poderes curativos transmitidos a través de fuentes superiores; es el color del buscador de la verdad.

El azul es el primero de los niveles superiores y exteriores del aura y el quinto que se desplaza hacia el exterior del cuerpo.

CUALIDADES POSITIVAS: El azul real indica una personalidad íntegra, con un agudo sentido de la justicia y dotes naturales de liderazgo. El azul brillante es muy creativo y también altruista. El azul pálido es el color del idealista que posee una visión global. El azul claro representa la objetividad, y su poseedor suele ser un orador y profesor dotado. Las auras azules que cubren otros colores del aura pueden verse alrededor de sanadores espirituales, autores, músicos, actores y otros artistas.

CUALIDADES NEGATIVAS: El azul apagado y denso puede representar un mayor conservadurismo y preocupación por el cumplimiento estricto de las normas, independientemente de las circunstancias. El azul oscuro es signo de alguien autocrático, obstinado e intolerante con los estilos de vida y creencias de los demás.

ARCÁNGEL: Zadquiel, arcángel de la cosecha, la verdad, la justicia, la prosperidad, la expansión en todos los sentidos y el aprendizaje tradicional.

FRAGANCIAS: Hinojo, madreselva, loto, salvia y artemisa, y sándalo.

GEMAS Y CRISTALES QUE LA FORTALECEN: Aqua aura, angelita, calcedonia azul, ágata *blue lace*, cuarzo azul, celestita, cobalto aura, cianita, iolita, lapislázuli, zafiro, topacio y turquesa.

CHAKRA: Garganta.

Índigo

Relacionado con la visión interior y la conciencia psíquica, la espiritualidad y el conocimiento del futuro y de vidas/mundos pasados; el color del vidente, el sabio y el alma en evolución.

El índigo forma el segundo de los niveles superiores del aura y es la sexta capa, que sale hacia el exterior del cuerpo. A menudo se funde con la capa más exterior violeta.

CUALIDADES POSITIVAS: El índigo claro indica una aguda sensibilidad respecto a las intenciones tácitas de las personas, así como conciencia del mundo espiritual, intuición reforzada, clarividencia (visión psíquica con el ojo interior) y clariaudiencia (audición psíquica), y atención caritativa para con todos los necesitados. Los tonos más brillantes indican una imaginación fértil. El índigo profundo está presente en el aura de las personas de edad sabias. La lavanda, que es un tono relacionado con el índigo, aporta sensibilidad a los poderes superiores de la naturaleza, y quienes tienen un tono lavanda en su aura disfrutan de una conciencia sobre los *devas** y de un don para la herboristería.

CUALIDADES NEGATIVAS: Cuando el aura índigo está borrosa, implica que su propietario pasa demasiado tiempo absorto en ensoñaciones e ilusiones, o en la autocompasión, y que tiene tendencia al estrés, sobre todo porque asimila los estados de ánimo negativos de otras personas. Un índigo oscuro indica aislamiento y desilusión respecto al mundo. Un índigo apagado puede revelar a una persona con síndrome de Asperger u otras afecciones asociadas con la hipersensibilidad al mundo, especialmente entre los jóvenes.

ARCÁNGEL: Cassiel, arcángel del consuelo y de la compasión por las penas del mundo, que transforma el dolor en alegría y hace aceptar lo que no se puede cambiar.

FRAGANCIAS: Mimosa, mirra, artemisa, pachulí y violeta.

GEMAS Y CRISTALES QUE LA FORTALECEN: Amatista, ametrina, fluorita, kunzita, sodalita, piedra *super siete* y tanzanita.

CHAKRA: Entrecejo o tercer ojo.

Violeta

Relacionado con los sentidos medios y la conexión con otras dimensiones y con antepasados, ángeles y guías espirituales; es el color del místico, del vi-

---

* Seres celestiales según la mitología hindú (*N. del T.*)

sionario y de la integración entre todos los aspectos del ser y con el mundo espiritual.

El violeta es el nivel más alto del aura y se funde con el blanco y el dorado, ya que se une a las energías cósmicas puras. El blanco, especialmente, suele formar parte de esta capa del aura.

CUALIDADES POSITIVAS: Una conexión con la sabiduría inconsciente y el conocimiento colectivo de la humanidad en todos los lugares y épocas. La capacidad de pensar de forma tanto lateral como global, y de prescindir de la ganancia inmediata para alcanzar un objetivo a largo plazo; amor y tolerancia hacia la humanidad con todas sus debilidades; es propia de un pacificador con la ética más elevada; tiene la capacidad de sanar a través de fuentes de energía superiores, tal como los ángeles y los guías sabios; muestra una tendencia a obtener reconocimiento, especialmente en las artes escénicas o creativas, de forma significativa y no meramente comercial.

CUALIDADES NEGATIVAS: Cuando el violeta es demasiado pálido, puede faltar empuje, incentivo y resistencia, y los grandes planes rara vez llegan a buen puerto. Un violeta demasiado oscuro indica perfeccionismo y/o una idea poco realista de lo que es posible; es decir, incapacidad de aceptar la vida cotidiana y a las personas con todas sus imperfecciones. Un violeta apagado puede indicar depresión.

ARCÁNGEL: Zadquiel, ángel de la verdad y la justicia, la sanación superior y la abundancia, las artes escénicas y todas las terapias alternativas e iniciativas benéficas importantes.

FRAGANCIAS: Bergamota, magnolia, lirios, orquídeas y hierba dulce.

GEMAS Y CRISTALES QUE LA FORTALECEN: Charoita, lepidolita, purpurita, espinela púrpura, sugilita, aura de titanio y ágata viola.

CHAKRA: Corona.

Blanco: El color predominante del aura superior

Relacionado con el potencial ilimitado, la energía sin límites, la fuerza vital que fluye libremente, el color del espíritu que se eleva, el buscador y el innovador.

El blanco a menudo forma parte de la séptima capa más externa del aura, en personas muy evolucionadas, especialmente ahí donde el índigo y el violeta se funden en la sexta capa del aura, o el blanco puede superponerse al violeta. De hecho, a partir de la sexta capa, los colores se mezclan mucho más.

CUALIDADES POSITIVAS: En su estado más vibrante, esta aura es el color de quienes siguen un camino vital único y marcan la diferencia en el mundo. Atrae luz pura y no difusa del cosmos, que puede utilizarse para la curación. Es un color muy evolucionado, que indica niveles superiores de conciencia, pureza de intención y la búsqueda de aquello que vale la pena.

CUALIDADES NEGATIVAS: Un blanco pálido y brumoso puede sugerir una persona que está fuera de contacto con el mundo real y envuelta en grandiosos planes espirituales que no tienen fundamento en la realidad. El blanco turbio oculta sentimientos de alienación y una falta de voluntad para acercarse a los demás. Un blanco demasiado brillante anuncia una actitud de santidad y una obsesión por la perfección física y la belleza; también, el impulso de seguir adelante sin tener en cuenta las consecuencias para los demás, ni el agotamiento final.

ARCÁNGELES: Miguel, arcángel del sol, y Gabriel, arcángel de la luna, para la síntesis de los mundos exterior e interior. Los dos arcángeles representan la síntesis de las energías masculina y femenina. Miguel tiene un enfoque masculino, y Gabriel tiene un enfoque femenino.

FRAGANCIAS: Manzanilla, copal, incienso y girasol.

GEMAS Y CRISTALES QUE LA FORTALECEN: Aragonito transparente, diamante, fluorita clara, cuarzo cristalino claro, diamante herkimer, ópalo aura, cuarzo arcoíris, zafiro blanco, topacio blanco y circón.

CHAKRA: El chakra de la coronilla, que se extiende desde el centro de la línea del cabello en la parte superior de la frente hasta aproximadamente una pulgada (2-3 cm) por encima de la cabeza, donde se fusiona con el chakra, menor pero significativo, de la estrella del alma que contiene la chispa divina inmutable de nuestro ser espiritual evolucionado o superior.

En el próximo capítulo veremos los significados de los colores de vibración superior y los colores subsidiarios que a menudo se perciben en el aura.

MÁS COLORES
DEL AURA

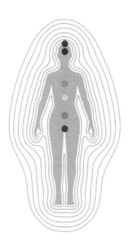

A L IGUAL QUE EL COLOR BLANCO DEL AURA, EN EL QUE nos centramos en el capítulo 1, el dorado, el magenta, el turquesa y el plateado también son colores superiores del aura, que enlazan las siete bandas de color del aura. con las dimensiones superiores y el cosmos. En una persona excepcionalmente sabia o santa, estos tonos superiores pueden inundar toda el aura. Otros colores subsidiarios constituyen variantes de los siete colores principales, pero pueden inundar su franja aural relacionada, si son particularmente fuertes. Por ejemplo, en el caso de una madre primeriza, humana o animal, el rosa —del que hablaremos más adelante en este capítulo— puede inundar toda su aura en los días y semanas posteriores al nacimiento.

Oro

Vinculado a la perfección y al esforzarse por alcanzar objetivos elevados y valiosos. Es el color del visionario y el de quien procura alcanzar la fama o la grandeza para trabajar por el bien de la humanidad o ampliando las fronteras de lo que puede alcanzar; también es el color del pionero, del aventurero y de todos los que viven una vida buena de verdad.

Es raro, aparte del caso de un santo o un gran líder humanitario, ver un aura completamente dorada. Normalmente, el oro aparece como pequeños destellos o como una fina banda que irradia destello en el borde más externo de la capa más superficial del aura, fundiéndose por encima del blanco con el cosmos.

CUALIDADES POSITIVAS: Aunque un bebé recién nacido estará rodeado de oro, éste pronto se desvanece, pero puedes estar seguro de que, si un niño conserva el oro en el aura, está destinado a ser una persona muy especial. El dorado es el color de alguien que será rico o famoso, pero que utilizará esa riqueza y esa fama para procurar el bien de los demás y cambiará el mundo de forma positiva. Una sola estrella dorada en la parte superior de la cabeza indica talentos especiales que pueden abrir las puertas del futuro.

CUALIDADES NEGATIVAS: Un dorado áspero indica una obsesión por el poder y un deseo de alcanzar la riqueza mundana a cualquier precio. Un dorado deslustrado puede sugerir una tendencia a las adicciones, obsesiones y compulsiones.

ARCÁNGEL: Miguel, arcángel del sol, que es el ángel que favorece la empresa personal y única y guía a todos los que tienen un destino único.

FRAGANCIAS: Manzanilla, copal, incienso, caléndula, naranja y girasol.

GEMAS Y CRISTALES QUE LA FORTALECEN: Oro, piedras boji, calcopirita, cristal de cuarzo claro, diamante, piritas de hierro pulidas, ojo de tigre, topacio dorado.

CHAKRA: Todo el conjunto de los chakras.

OTROS COLORES SUPERIORES EN EL AURA

Magenta

Relacionado con la espiritualidad que se manifiesta en el mundo cotidiano, con la originalidad de visión y con un camino de servicio a los demás; es el color del maestro de la verdad, y de la liberación del dolor y del sufrimiento de los demás.

El magenta puede formar una franja en la parte superior de la capa violeta o incluso entre el índigo y el violeta. Si una persona es muy evolucionada y se dedica a transmitir sabiduría y sanación a quienes lo necesitan, el magenta puede inundar toda su aura en determinadas ocasiones.

CUALIDADES POSITIVAS: El magenta intenso es el color de los líderes espirituales, ya sea un maestro de reiki o un gran gurú. Se ve más a menudo en el aura del sabio que ha adquirido sabiduría a través del sufrimiento y ha utilizado esa experiencia en beneficio de los demás. Sin embargo, también puede verse en personas mucho más jóvenes, así como en cualquiera que haya luchado contra una enfermedad grave o que se niegue a dejar que la discapacidad o la amenaza inminente de la mortalidad le derroten.

CUALIDADES NEGATIVAS: Un magenta excesivamente duro se corresponde con el falso gurú o con quienes utilizan el poder espiritual para dominar a los demás. También caracteriza a quienes están tan hinchados de su propio conocimiento espiritual que pierden de vista la verdad.

ARCÁNGEL: Metatrón, que, aunque se le describe como un brillante pilar de luz, es el arcángel de la transformación, con su pluma y su pergamino. Fue transformado a través del trueno y el relámpago por el profeta mortal Enoc.

FRAGANCIAS: Incienso, enebro, hierba limón, mirra, orquídea y sándalo.

GEMAS Y CRISTALES QUE LA FORTALECEN: Aventurina azul, sílex, obsidiana caoba, meteorito, sardónice, tectita y aura de titanio.

CHAKRA: El chakra del tercer ojo/entrecejo, conectado también con la coronilla.

Turquesa

Relacionado con la integración del corazón y la mente, los sentimientos y los pensamientos, así como con la síntesis de la sabiduría y la experiencia; es el color del sabio sanador.

El turquesa se origina en las capas cuarta (verde) y quinta (azul) del aura, desplazándose hacia el exterior desde la cabeza, a medida que estas dos bandas de color se fusionan.

Puede inundar el aura de un místico, un cooperante, un artista, un escritor o un inventor, e indica un alma antigua.

CUALIDADES POSITIVAS: El color turquesa claro y brillante representa la imparcialidad y la justicia, mezcladas con la compasión. El turquesa claro indica una devoción inquebrantable por los amigos y la familia, y por cualquiera que lo necesite, en los buenos y en los malos momentos.

Es el color de un consejero, negociador, orador y árbitro en potencia, y en la vida pública o personal inspira devoción y respeto. Sin embargo, las personas de color turquesa no son personalmente ambiciosas ni están orientadas a alcanzar el éxito, sino que creen en lo que hacen y les parece adecuado.

CUALIDADES NEGATIVAS: Un aura turquesa demasiado dura indica una persona carismática que utiliza sus dones para ganarse el favor de aquellos que pueden influir a su favor, y a conseguir estatus personal y gloria.

ARCÁNGEL: Sandalfón, el gemelo de Metatrón, que fuera otrora el profeta Elías, el que ascendió a los cielos en un carro de fuego y, como Metatrón, es un ángel de transformación y de sabiduría tradicional.

FRAGANCIAS: Lirios, loto, menta, almizcle, todas las rosas fragantes, sándalo y tomillo.

GEMAS Y CRISTALES QUE LA FORTALECEN: Aguamarina, bornita o piedra de pavo real, y cobalto y titanio —que son metales vinculados al cuarzo—, así como crisocola, lapislázuli, ópalo y turquesa.

CHAKRA: Corazón/garganta, y un chakra menor: el chakra del timo, debajo de la base del cuello.

Plata

Relacionado con los sueños, la magia, las visiones y el deseo de realización más allá del mundo material; con la capacidad de viajar entre las dimensiones y conectar con mundos extraterrestres, las percepciones repentinas, especialmente en sueños, la meditación y las visiones diurnas; es el color del soñador.

Se asocia con la segunda capa naranja del aura y también se extiende por toda el aura en forma de estrellas o líneas, en las capas superiores del aura.

CUALIDADES POSITIVAS: La plata pura suele verse alrededor de un padre que ha entregado mucho a su familia, quizá debido a la discapacidad de un hijo. Las estrellas o chispas plateadas en el aura indican un potencial espiritual oculto, y también pueden aparecer cuando una mujer está a punto de concebir un hijo; permanecen durante todo el embarazo y el parto. Sin embargo, la plata puede referirse igualmente a las semillas de la imaginación y a la creatividad que pueden desarrollarse, o también al despertar o reactivación de la sexualidad. Las estrellas plateadas son también la marca de un maestro dotado.

CUALIDADES NEGATIVAS: Los destellos metálicos en toda el aura son un signo de alguien que busca crear una ilusión o una imagen, o que ansía la excitación y la estimulación por medios dudosos y que correrá riesgos para ello.

ARCÁNGEL: Gabriel, arcángel de la Luna.

FRAGRANZAS: Cereza, jazmín, hierba luisa, amapola, rosa e ylang-ylang.

GEMAS Y CRISTALES QUE LA FORTALECEN: Hematites, mica, piedra lunar, nácar, perla, piedra lunar arcoíris, selenita, plata y ópalo blanco

CHAKRA: Corazón y sacro.

CHAKRAS SUBSIDIARIOS DENTRO DE LAS SIETE BANDAS DEL AURA

Rosa

Relacionado con el amor incondicional, la reconciliación, la crianza diaria y la dulzura; es el color del consejero sabio y del amor incondicional.

El rosa forma parte de la banda del aura verde, pero puede impregnar el aura de las chicas que alcanzan la pubertad, así como el de cualquiera que experimente el primer amor o el resurgimiento de la confianza. Se observa en mujeres embarazadas y madres recientes, así como en animales preñados y madres de animales.

CUALIDADES POSITIVAS: El rosa claro es el color del pacificador de las discordias entre amigos, familiares y colegas; el reparador de corazones magullados o rotos; y también el sanador de penas y abusos emocionales. Gentil, amable, paciente y tolerante con los defectos de los demás, la persona de color rosa claro siempre ve lo mejor de cada uno; es un amigo leal que da lustre a cualquier hogar y que es excelente con los niños y los animales pequeños. El rosa claro también sugiere fertilidad.

CUALIDADES NEGATIVAS: Un rosa muy pálido, presente en hombres y mujeres, es el síndrome del niño o niña perdido, que busca constantemente que lo rescaten. Un aura rosa apagada o turbia/nebulosa puede indicar una actitud de martirio del tipo «pobre de mí». Un rosa muy turbio revela que quien lo tiene se pone tanto en el lugar de los demás que optará finalmente por lo menos arriesgado, por el camino de menor resistencia y esfuerzo y no defenderá la justicia.

ARCÁNGEL: Ariel, león de Dios.

FRAGANCIAS: Flor de manzano, flor de cerezo, geranio, lila, melisa, rosas rosas y vainilla.

GEMAS Y CRISTALES QUE LA FORTALECEN: Coral, kunzita, mangano o calcita rosa, morganita, calcedonia rosa, ópalo, cuarzo rosa y turmalina.

CHAKRA: Corazón.

Marrón

Relacionado con las habilidades prácticas, la estabilidad y la fiabilidad, el amor por los animales, la aceptación de la propia fragilidad y también la de los demás, y con el poder relacionado con la tierra; es el color del constructor de cimientos sólidos.

El marrón se relaciona con las vibraciones más bajas y lentas de la banda roja más interna.

CUALIDADES POSITIVAS: El marrón dorado y rico muestra a una persona que está profundamente arraigada en la Madre Tierra, un ecologista entusiasta y amante de la tierra, un hacedor más que un pensador, un ama de casa natural y amante del hogar, y también alguien dotado para las manualidades, la renovación del hogar y la jardinería. Un marrón oscuro muestra prudencia en lo que tiene que ver con las finanzas y la propiedad, y simpatía hacia las personas mayores.

CUALIDADES NEGATIVAS: El marrón turbio puede indicar estrechez de miras, mayor cautela y una visión prejuiciosa, alguien que puede ser tacaño con el dinero y le cuesta mostrar afecto. Un marrón áspero es el aura de alguien obsesionado con el dinero o las preocupaciones materiales, y que es un adicto al trabajo. El marrón muy pálido aparece cuando alguien está agobiado por preocupaciones prácticas o financieras.

ARCÁNGEL: Cassiel, arcángel de Saturno en sus aspectos más prácticos, cautelosos y delimitadores.

FRAGANCIAS: Hibisco, mimosa, pachulí, hierba dulce, árbol del té y tomillo.

GEMAS Y CRISTALES QUE LA FORTALECEN: Bronzita, rosa del desierto, jaspe piel de leopardo o de serpiente, el cuarzo rutilado, todos los jaspes moteados de color arena y marrón, y el ojo de tigre.

CHAKRA: Raíz o base; también tiene que ver con el chakra menor de la estrella de tierra, situado alrededor de los tobillos, los costados y las plantas de los pies.

Gris

Es el color del compromiso, la adaptabilidad y la capacidad de fundirse con el paisaje; es el color del guardián de los secretos y del misterio.

El gris es una parte inferior del aura roja más interna, pero a veces también puede emanar de la tercera banda amarilla en forma de niebla que cubre toda el aura, cuando una persona intenta evitar revelar sus pensamientos e intenciones.

CUALIDADES POSITIVAS: Un gris paloma plateado es un aura que expresa neutralidad y el deseo de evitar asuntos emocionales o controvertidos o de comprometerse. Un gris claro es bueno para hacer que las cosas sucedan entre bambalinas.

Las personas de aura gris son difíciles de conocer, ya que tienden a ser todo para todos. Rara vez arman jaleo y tienen capacidades muy buenas de investigadores y espías natos.

CUALIDADES NEGATIVAS: Un gris apagado puede sugerir depresión y, si se sitúa alrededor de la zona de la rodilla, puede mostrar a una persona que se aferra a la pena.

Un gris muy pálido puede ser símbolo de indecisión y ser característico de una persona indecisa. Un gris nebuloso y denso es por lo general un aura de «no pasar», normalmente porque hay algo que ocultar (desconfía de algo así en un nuevo amante) y porque hay una falta de principios.

Un aura gris turbia indica información oculta o medias verdades que pueden sugerir que debes ser cauteloso a la hora de confiar en esta persona sin mayores garantías.

ARCÁNGEL: Raziel, ángel de los misterios y secretos divinos, al que se atribuye la escritura del esotérico *Libro del Ángel Raziel,* que contiene todo el conocimiento terrenal y celestial.

A menudo aparece en imágenes o descrito como una silueta detrás de una cortina semitransparente de color gris oscuro.

FRAGANCIAS: Ámbar gris, cedro, lavanda, hierbaluisa, mejorana dulce, mirra, almizcle y pachulí.

GEMAS Y CRISTALES QUE LA FORTALECEN: Lágrimas apaches, fósiles, ágata gris bandeada, piritas de hierro, laboradita, cuarzo ahumado, tectita y ágata turritella.

CHAKRA: Raíz o plexo solar.

Negro

Relacionado con las transiciones, el descanso que conduce a la regeneración, las penas y los obstáculos que hay que superar.

Aunque el negro es la parte más baja de la capa más interna del aura, puede aparecer en cualquier parte del aura, especialmente en forma de nudos o enredos, e indica la necesidad de atención en esa zona concreta, sobre todo emocionalmente.

CUALIDADES POSITIVAS: Un aura negra clara, casi transparente, puede indicar que una persona está descansando emocional y espiritualmente, tal vez después de un período agotador o estresante, o después de un duelo, y necesita tiempo para fortalecerse amparándose en la oscuridad protectora.

Debido a que la protección psíquica está tan fuertemente implicada en un aura negra positiva, alguien con un aura negra puede estar deliberada o espontáneamente protegiéndose de la intrusión, por lo que no es un aura para que uno trate de leer en ella.

CUALIDADES NEGATIVAS: Un negro mate indica agotamiento o depresión y se ve más a menudo como manchas o rayas negras que como un aura general. Sin embargo, un negro metálico áspero puede sugerir que la persona es potencialmente un vampiro emocional o psíquico, o que tiene serias adicciones o tendencias criminales.

Es un aura que debe evitarse a menos que se sea un sanador muy experimentado.

ARCÁNGEL: Cassiel, ángel de la serenidad. Cassiel nos enseña la calma y la quietud, permitiendo la reflexión y la consideración cuidadosa antes de actuar.

FRAGANCIAS: Mirra, almizcle y artemisa.

GEMAS Y CRISTALES QUE LA FORTALECEN: Obsidiana, cuarzo ahumado y lágrima apache, todos ellos translúcidos.

CHAKRA: Raíz o base, y estrella de tierra menor.

En el próximo capítulo, trabajaremos con el aura del estado de ánimo transitorio dominante, que indica cómo se sienten las personas y cómo es probable que reaccionen.

❖ 3 ❖

EXPLORANDO LAS
AURAS ANÍMICAS

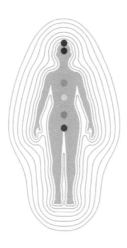

L AS AURAS HUMANAS CAMBIAN DE MANERA CONS-
tante. Nuestras auras se ven afectadas tanto positiva como nega-
tivamente por los campos energéticos de otras personas con las
que interactuamos, así como por el entorno físico, mental y emocional en
el que vivimos y trabajamos. Estas auras «anímicas» también pueden verse
influidas por recuerdos de situaciones pasadas y temores, o anticipaciones
sobre el futuro.

Algunas personas son propensas a sufrir rápidos cambios de humor y
se muestran especialmente sensibles a los acontecimientos externos y a los
pensamientos internos. Las auras de los niños hiperactivos y con TDAH,
o los que padecen síndrome de Asperger, están muy abiertas y, por tanto,
resultan afectadas con facilidad por compañeros antipáticos y adultos insen-
sibles. Otros autistas cerraron su aura a una edad muy temprana para evitar el
intenso dolor de las interacciones con el mundo en general, tanto las buenas
como las malas.

Ser capaz de leer al instante las auras anímicas de las personas y, con la práctica, las de los grupos de personas en el trabajo o en situaciones sociales te avisa de lo que está ocurriendo, incluso bajo la superficie, y te da un paso de ventaja.

A lo largo del día, las situaciones y las personas no solo pueden afectar de manera temporal al color de tu aura, sino que, si te sientes muy absorto o estás muy concentrado, un color de ánimo inundará toda el aura. Por ejemplo, si estuvieras plenamente concentrado en aprender algo nuevo, predominaría en ti un amarillo claro. Si estuvieras trabajando en tu desarrollo espiritual, una de las bandas del aura superior, como el índigo, inundaría de manera transitoria las siete bandas del aura, incluso cubriendo durante algún tiempo la personalidad estable, que está siempre presente, o aura permanente, que describiré en el próximo capítulo.

Estos colores temporales tienden a parpadear y a ser bastante transitorios y, cuando se aprende a leer el aura por primera vez, el estado de ánimo suele ser el primer color y el que más claro se ve, ya que está alimentado por la emoción y se propaga con suma facilidad por todo el campo energético.

Este ha sido el caso, una y otra vez, cuando he trabajado con personas, interpretando las imágenes suministradas por una cámara aural. Una cámara aural convierte los colores predominantes del aura en una imagen impresa, dando una visión de la zona de la cabeza y los hombros. Funciona cuando un individuo pone las manos sobre placas metálicas, mientras se sienta frente a la cámara aural.

Si un color predomina en el momento de tomar la fotografía, será porque ese color refleja el fuerte estado de ánimo inmediato que siente en ese momento la persona y, por tanto, anula todos los demás. Por ejemplo, observé a una pareja que estaba cerca de una cámara del aura discutiendo, porque el hombre decía que la foto sería una pérdida de dinero. Su pareja no se quedó atrás y le replicó que era un sieso, y que siempre le impedía divertirse. La mujer seguía furiosa cuando se sentó para hacerse la foto y se negó a calmarse antes de que se la hicieran. El resultado fue que la fotografía mostraba un color rojo intenso en toda el aura, que se extendía hasta los bordes de la imagen. Su compañero se había marchado enfadado, así que, lamentablemente, no pude ver la foto de su aura. Haz un repaso rápido de los dos capítulos anteriores y averigua cuál habrías esperado que fuera el color de su estado de ánimo.

IDENTIFICAR EL AURA ANÍMICA

Cuando veas tal aura, constatarás que es bastante brillante. Es probable que, inicialmente, veas el color del aura anímica de manera mental. Si eres alguien de temperamento muy lógico, tu mente puede incluso bloquear al principio este proceso. En este caso, enuncia o escribe el primer color que se te venga a la mente al mirar a la persona, ya que eso refleja invariablemente su aura anímica correcta.

Comienza programando tu visión psíquica, así como tus sentidos intuitivos diciendo en voz alta o para tus adentros: «Primero, deseo centrarme en el aura anímica».

Mira directamente hacia el sujeto o, si te resulta descortés observarlo así, si está cerca, hazlo por encima de su hombro izquierdo o derecho, lo que te resulte más fácil. Incluso puedes mirarle cuando esté de espaldas, ya que el aura se extiende alrededor del cuerpo en una longitud de un brazo o más, en su zona más brillante. La cabeza y los hombros son los que ofrecen la visión más nítida.

Cierra despacio los ojos y luego, con la misma lentitud, ábrelos y parpadea. Deberías ver al instante el aura anímica.

Tanto si ves los colores en tu mente como de manera física, la textura del estado de ánimo será ligeramente más etérea que la del cuerpo físico. La textura del aura anímica se asemejará a un tejido fino, coloreado, brillante, semejante a un visillo, moviéndose con rapidez sin descanso, como el agua poco profunda que olea sobre la arena o la luz del sol que bailotea sobre el agua.

Si el aura anímica se desvanece antes de que hayas procesado la información, repite el ejercicio. El color del aura anímica debería permanecer en tu mente durante más tiempo. El aura anímica puede aumentar o disminuir de tamaño e intensidad, incluso en menos de un minuto.

Tus capacidades psíquicas o de clarividencia (también llamadas sexto sentido o, para los escoceses, *kenning*) se activarán con relativa rapidez.

Si el aura anímica es pálida o, por el contrario, demasiado intensa, es posible que sientas un repentino agotamiento y vencimiento en tu propio cuerpo, tal vez porque la persona cuya aura estás leyendo está siendo intimidada por un colega o compañero, o puedes sentir un rechinar en los dientes, como si mordieses hielo, si la persona que estás estudiando está a punto de gritar a otra.

Si un niño vuelve constantemente del colegio con un aura de mal humor, pregúntale con tacto si se burlan de él, aunque no adviertas signos externos de daño físico.

Recuerda que un estado de ánimo no tiene por qué estar causado por un acontecimiento presente; a veces, un viejo recuerdo puede entrometerse e inundarnos de tristeza o alegría. Con la práctica, percibirás de manera intuitiva el marco temporal del acontecimiento que provoca el color del estado de ánimo, ya sea actual, recordado, anticipado o temido. Esta interpretación intuitiva es posible gracias a que todas las impresiones, imágenes y palabras pronunciadas se almacenan en nuestra aura, y eso incluye a la ira, la pasión, los recuerdos y los miedos futuros. A medida que aprendas más sobre el aura, podrás localizar con precisión tales estados de ánimo y aplicar el remedio necesario para contrarrestar cualquier negatividad.

Si tú mismo sufres cambios de humor aparentemente inexplicables, pregúntate si puedes relacionar el momento de esos cambios con una situación similar que se produjo en el pasado. Si el estado de ánimo no es positivo, una vez que conozcas la causa de ese estado de ánimo, sea en ti mismo o en los demás, podrás actuar para decir lo que sea adecuado, ofrecer tu apoyo, alejarte del desencadenante del malestar o trabajar con un color antídoto (algo que veremos en el capítulo 6, a partir de la página 79).

Controlando tu propia aura anímica

Evalúa tu propia aura anímica al levantarte y también a intervalos regulares, tanto durante el día como la noche. Para ello, necesitarás un espejo o cualquier otra superficie reflectante. Experimenta para ver si te ayuda más un fondo más oscuro o más claro. Solo necesitas ver tu cabeza y tus hombros.

Obsérvate en el espejo del baño del trabajo y, si el color de tu estado de ánimo no es positivo, salpícate con agua las raíces del pelo y la frente, para limpiar toda tu aura.

Si el aura está cerca del cuerpo, es posible que te sientas a la defensiva. Ten en cuenta que el aura al completo puede acercarse al cuerpo. Más adelante, aprenderemos a expandir de forma voluntaria el aura, como método de defensa.

Registra lo que estaba sucediendo más o menos en el momento en que revisaste tu aura, y así podrás encontrar un patrón de eventos o personas que desencadena un cambio de humor negativo, o que incluso te drena su aura, de modo que se vuelve muy pálida y aparecen agujeros en ella; por ejemplo, cuando está en presencia de un vampiro emocional. Aunque puede que no seas consciente de ello, sentirás los efectos del ataque contra el aura durante horas o días, tanto si ha sido deliberado como si se trata de una interacción con una *sanguijuela* natural o un alma pesimista. Al anticipar la causa, puedes minimizar el impacto de tales acontecimientos o encuentros, o proteger tu aura de antemano.

A la inversa, sintoniza con situaciones felices y personas que llenen tu aura de felicidad o paz, e intenta incorporar más encuentros de este tipo a tu vida diaria.

¿Hay personas o acontecimientos cuya llegada prevista provoca una fuerte reacción positiva o negativa en el aura anímica? Por ejemplo, puede que ya no te guste reunirte con un amigo con el que pasas todas las tardes de los miércoles. Tal vez prefieras ir al gimnasio o quedarte en casa.

Registrando los resultados

Durante unas semanas, practica la identificación del aura anímica en distintas personas, en el trabajo, en casa, en el gimnasio, en la escuela, en el tren, en el aeropuerto o esperando en la cola de la caja de un supermercado. Para constatar la veracidad de tus hallazgos, siempre que sea posible, pregunta a la persona cuyo aura has leído cómo se siente.

Crea una carpeta de estudio del aura comprando una carpeta de hojas sueltas y escribiendo lo que descubras en papel blanco mientras sigues observando los estados de ánimo. Cuando leas capítulos posteriores, anotarás también otros aspectos del aura.

Crea una página para cada uno de los colores del aura, incluidos los colores superiores y subsidiarios, basándote en los capítulos 1 y 2 (páginas 19 y 33, respectivamente). Cada vez que te encuentres con un color, ya sea en el aura anímica o en otro aspecto del aura, anota lo que percibas y veas, y las circunstancias que dieron lugar al color del aura en ese tono concreto. A continuación, elabora tu propia lista de significados de los colores.

Registra tus descubrimientos utilizando un dibujo de una cabeza, tal como te mostramos en la ilustración anterior, que contenga las siete capas.

Dibuja siete círculos de igual tamaño alrededor de la cabeza. A medida que adquieras más experiencia, podrás observar que el aura anímica no solo afecta y deja en segundo plano los niveles cotidianos más internos, sino que a veces también puede perturbar o teñir las capas externas.

Haz que tus observaciones sean cada vez más detalladas, anotando por escrito, al lado del diagrama, cómo un aura escarlata del temperamento se vuelve irregular durante la rabieta de un niño pequeño o un adolescente, por ejemplo, a medida que la persona enfadada hace una pausa para comprobar así si el arrebato está produciendo el efecto esperado.

A lo largo de las siguientes semanas, compara las situaciones y las edades de las personas en las que veas, por ejemplo, esa aura de mal genio, en un niño de dos años o en un jefe enfurecido porque no se ha cumplido un plazo fijado. A ver qué conclusiones sacas y cómo tratarías a cada persona. En el capítulo 6 aprenderemos a utilizar los colores antídoto para esos tipos de situaciones.

Algunas personas, cuando empiezan a estudiar las auras, notan, mientras se enfocan en el aura anímica, que, bajo el color del estado de ánimo (esto es como ver capas de nubes desde un avión), dos o tres colores son consistentemente brillantes, pero, a la vez, son uniformes y se mantienen estáticos. Esto último se aplica tanto a ti mismo como a otras personas con las que interactúas de manera regular. Esos serán los colores básicos de la personalidad o del aura permanente que perciba. Como señalábamos antes, pueden extenderse más allá de sus propias capas si son rasgos lo bastante poderosos, o durante ciertas épocas de la vida.

Sin embargo, si al principio solo ves el color del estado de ánimo, colorea todas las bandas en ese tono. En el capítulo 4 te mostraré cómo perfilar con nitidez el aura de la personalidad.

Con el tiempo, crearás un diagrama de siete bandas muy detallado que le informará de todo lo que necesita saber para limpiar, curar y fortalecer el aura.

Aunque utilizarás los significados básicos de los colores, ya expuestos en los capítulos 1 y 2, para ayudarte a comprender los significados del aura anímica, confía siempre en tu intuición y en tus sentimientos para que te guíen hacia el significado de los sentimientos y pensamientos de un individuo. Cuanto más preciso demuestres que eres mediante tus observaciones diarias, más confianza desarrollarás en tu capacidad de observación.

En un entorno laboral, fíjate si la llegada o la aparición antes de tiempo de una persona concreta a la oficina —por ejemplo, un visitante de la oficina central o la mujer o el marido del jefe— afecta de la misma manera al aura anímica de todos o si, por el contrario, reaccionan de forma diferente.

Estudia las auras anímicas individuales de un grupo de personas un lunes por la mañana, antes de un fin de semana, antes de unas vacaciones fijadas, cuando están bajo la presión de los plazos, y en una reunión o conferencia. Fíjate en quién está concentrado, y en quién está soñando despierto y qué puede distraerle. El aura anímica te dará pistas; por ejemplo, el verde chispeante indica pensamientos extraviados, tocantes a una cita con un amante que tendrá lugar después.

Un lunes por la mañana, observa el aura cuando cada persona entre en el lugar de trabajo y, si es posible, pregunta qué ha hecho cada cual durante el fin de semana. Un día entre semana, puedes establecer una correlación entre las prisas por llevar a los niños al colegio, o un problema en casa, y el aura anímica actual. Puedes hacer lo mismo con los padres que dejan a sus hijos en el colegio. Realiza comentarios casuales para saber si ha sido una mañana difícil o si la persona se siente emocionada ante un acontecimiento próximo.

En una fiesta de cumpleaños, una fiesta de jubilación, una boda o una celebración familiar, fíjate en las auras anímicas de quién contradicen sus palabras con sus acciones o el placer que cabría esperar en tal ocasión, y de qué manera lo hacen (aburrimiento, irritabilidad, celos, pasión oculta por el novio). Trabajaremos esto en detalle en el capítulo 7, que se centra en las interacciones del aura.

Observa a los demás pasajeros de un avión para ver quién tiene miedo a volar (un parpadeo rojo muy duro que indica un deseo de escapar). Los resultados pueden sorprenderte.

Si te sientas junto a alguien en un tren o un autobús, evalúa su aura anímica e intenta que charle sobre el motivo de su viaje.

Elige cuatro, cinco o seis sujetos para estudiarlos en profundidad durante varias semanas —quizá algunos compañeros de trabajo, y uno o dos familiares— y ve anotando los colores de su estado de ánimo en diferentes momentos del día y de la semana. Si una amiga siempre visita a sus suegros un martes, observa cómo cambia su aura anímica no solo el día después, sino también la tarde anterior.

Después de observar el aura de los sujetos de tus estudios en profundidad, intenta sintonizar con los acontecimientos que provocaron el aura. Si es posible, coge un bolígrafo y deja que fluyan las palabras. Dado que conoces a los sujetos, te será más fácil interrogarles con tacto sobre sus sentimientos. Cuanto más te relajes, con más facilidad te llegará intuitivamente esta información.

Si ves a un familiar, pareja, vecino o colega acercarse por un camino o cruzar el aparcamiento, lee en él con rapidez y anticipa su estado de ánimo. También puedes hacerlo si has quedado con alguien para comer, en una entrevista o después del trabajo.

En el capítulo siguiente, trabajaremos con el aura de personalidad más permanente y añadiremos más colores a tu diagrama de siete capas.

ENTENDIENDO EL AURA DE PERSONALIDAD

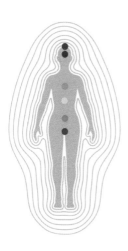

E L AURA DE PERSONALIDAD NOS AYUDA A ENTENDER qué es lo que mueve a las personas. Permite comprender el tipo de personas que son y las cosas que les importan. Gracias a esto, descubriremos el enfoque adecuado para poder tratarlas. Es posible que ya hayas notado una, dos u ocasionalmente tres áreas de color mate detrás del aura anímica parpadeante. Las auras de personalidad son más estáticas y suaves. Desde la infancia hasta los primeros años de la niñez, el aura de personalidad cambia rápidamente. Durante la adolescencia y los primeros años de la veintena, también se pueden observar cambios rápidos en el aura de la personalidad, aunque el color central seguirá siendo el mismo o solo se modificará ligeramente.

En la edad adulta, las alteraciones en los colores del aura de la personalidad se producen debido a acontecimientos importantes que cambian la vida. Así, por ejemplo, enamorarse profundamente (verde esmeralda), dar a luz a un hijo (rosa) y estudiar o tener un don para la espiritualidad (índigo) provocarán una alteración drástica de aura, en un tiempo relativamente corto. Por el contrario, resultar profundamente herido por una traición amorosa puede, casi de la noche a la mañana, levantar barreras de color oscuro o crudo.

IDENTIFICAR LOS ASPECTOS DEL AURA QUE MÁS NECESITAS

En el Capítulo 3, nos centramos únicamente en el aura anímica. Ahora, el aura de personalidad, más permanente, ha de centrar tu atención. Piensa que es como cambiar los objetivos de una cámara de calidad, con la intención de centrarte en lo que más necesita captar.

Con paso del tiempo el tiempo, percibirás o verás espontáneamente los siete colores del aura, para leer las auras y para obtener información personal, en lugar de para curar. Te centrarás entonces, sobre todo, en el estado de ánimo y la personalidad, y los enfocarás con mayor nitidez.

Si deseas ver el aura de la personalidad directamente, tras haber estudiado el estado de ánimo, espera unos instantes, cierra los ojos y descansa todos sus sentidos psíquicos, imaginando que cubre tu mente una tela de terciopelo azul intenso.

El aura anímica retrocederá automáticamente y, al abrir los ojos, el color o colores del aura de la personalidad reemplazarán poco a poco a los colores del aura anímica, en tu visión psíquica. Examinaremos las técnicas para ver o percibir las trazas del aura de la personalidad más adelante, en este mismo capítulo.

LA IMPORTANCIA DE COMPRENDER EL AURA DE LA PERSONALIDAD

A medida que vayas confiando en lo que encuentras, es posible que a veces descubras algún desajuste sorprendente, como una persona que no parece disfrutar de su trabajo, por muy bueno que sea en el mismo. Por ejemplo, puedes encontrarte con un contable de color índigo o a una cuidadora de niños de color amarillo limón que, más adelante, cambiaron de profesión, abandonando una que había aceptado, para complacer a sus padres o porque parecía la opción más sensata. Si trabajas como terapeuta o en recursos humanos, la lectura del aura de la personalidad es una habilidad valiosa a la hora de comprender dilemas que no tienen causa aparente.

Sin embargo, ese contable índigo puede ser muy intuitivo, saber al instante dónde se encuentran los problemas o los errores, y ser popular entre los clientes por su forma de animar sin estridencias. De igual manera, el cuidador de niños también puede ser excelente organizando y asegurándose de que todos los niños están bien atendidos.

Cuando acudes a entrevistas, puedes entender rápidamente no solo el estado de ánimo de los entrevistadores, sino los valores fundamentales que consideran importantes. Ya sea en un evento para solteros, al conocer a compañeros en un nuevo trabajo o en un curso de formación, al acudir a un acto social con la pareja o al conocer a la familia de la pareja por primera vez, uno se da cuenta al instante del enfoque adecuado y de los temas que es seguro abordar.

Con el tiempo, serás capaz de leer las auras de personalidad por voz, hablando por teléfono, o incluso mediante la visualización de fotografías de citas *online*.

ESTUDIANDO AL DETALLE EL AURA DE LA PERSONALIDAD

Los que tienen un solo color en su aura de personalidad tienden a ser personajes muy definidos y fijos, cuyas opiniones no se tambalean con facilidad.

Sin embargo, si el aura de la personalidad es de un color pálido y descolorido, es posible que la persona haya sufrido abusos emocionales o físicos en algún momento de su vida, y se haya retraído de expresar opiniones, o incluso gustos y disgustos.

Técnicas para ver el aura de la personalidad

Cuando comiences, trabaja con personas que conozcas bien, hasta que te sientas seguro de tus habilidades de lectura del aura. A continuación, intenta leer las auras de personalidad de desconocidos o conocidos que acudan a tu lugar de trabajo o a los que veas socialmente, por ejemplo, en el gimnasio, para obtener información mediante preguntas, realizadas con tacto, sobre su estilo de vida y sus preferencias.

Al igual que con el estudio del aura del estado de ánimo, programa tu percepción psíquica pidiéndole que te muestre el aura de la personalidad y solo eso.

Observa a tu sujeto de estudio, pero no lo mires fijamente.

Obsérvalo a través de los párpados entrecerrados y es posible que aparezca espontáneamente el aura de personalidad mate, más suave y lisa. Si no es así, cierra los ojos lo más lentamente posible y ábrelos con la misma lentitud, pero sin parpadear. El aura de la personalidad debe permanecer presente durante uno o dos minutos, o incluso más. Si no es así, vuelve a cerrar los ojos y ábrelos lenta y suavemente. Es posible que, a medida que adquieras mayor experiencia, te hagas consciente del aura anímica ubicada en el fondo, parpadeando detrás del aura de la personalidad.

Al igual que ocurre con el aura anímica, si no puedes ver nada, interna o externamente, nombre o escriba el color o colores que percibes, sin detenerte a pensar. Esto eliminará cualquier bloqueo inconsciente.

Registrando el aura de la personalidad

Cuando anotes tus conclusiones, en el diagrama de siete bandas, colorea y etiqueta el diagrama según lo que veas, y consigna también las posiciones relativas de los colores, ya que puede estar surgiendo un nuevo aspecto de la personalidad.

Con toda probabilidad, el color o colores del aura de la personalidad llenarán la mayoría o todas las siete bandas. Sin embargo, a veces, el aura de la personalidad solo cubre las capas exteriores del diagrama, o cada una permanece dentro de su propia banda de color relacionada. Si esto ocurre, especialmente si estas bandas de color no están una al lado de la otra, puede ser que la personalidad esté siendo reprimida por las circunstancias o negando el verdadero yo. Esto puede confirmarse si, por ejemplo, hay un verde pálido en la cuarta franja del corazón, que es de forma natural verde, y que además se ha movido hacia el exterior, lo que sugiere que la persona está viviendo a través de los demás.

La posición relativa de los colores resulta importante para evaluar la naturaleza predominante en la persona, ya que un color puede oscurecer totalmente a otro. De manera alternativa, puede existir una delgada franja de un color subsidiario, más alejada en dirección al cosmos, lo que indicaría que, aunque no se ha despertado todavía, podría contener la clave de la felicidad.

Cuanto más cerca esté un color de la personalidad del chakra de la cabeza o de la coronilla, más se manifestará en la vida cotidiana. Y si ves bandas de tamaño uniforme, eso es indicio de que la persona está equilibrada en distintos aspectos de su personalidad, quizá entre la lógica y la creatividad, o entre los intereses laborales y domésticos.

Si el carácter de la persona es sumamente dominante, el color o colores del aura de la personalidad pueden desbordar las bandas e invadir el espacio que las rodea. Esto suele ocurrir con los colores del aura de personalidad única, como el azul oscuro, rígido y autocrático.

Ten a mano una buena selección de lápices, ceras o rotuladores. Elige un juego que tenga al menos tres tonos disponibles para cada color.

UN ENFOQUE ALTERNATIVO A LA LECTURA DEL AURA

Si los métodos sugeridos hasta ahora no te funcionan, considera recurrir a los siguientes métodos, que se basan en la psicometría, o toque psíquico.

En primer lugar, tómate tu tiempo y repasa los ejercicios de observación descritos hasta ahora en este capítulo y en el anterior.

Como alternativa, prueba la siguiente técnica, que te permitirá identificar casi de inmediato las auras anímicas y de la personalidad, si está experimentando algún bloqueo.

Tal como se te ha invitado con anterioridad, utiliza un juego de lápices, ceras, rotuladores de colores o pinturas, de modo que haya al menos tres tonos para cada color y un juego de tonos brillantes para el aura anímica. Escoge aquellos lápices brillantes que tienen diferentes tonos para el mismo color, ya que el aura anímica resplandece cuando aparece. Yo encontré los míos en la sección de papelería infantil del supermercado.

Tenemos chakras menores o puntos de energía psíquica en ambas manos y, más concretamente, en el centro de las palmas. Estos chakras están conectados con el centro del chakra del corazón, a través del cual se canaliza el conocimiento psíquico. Por tanto, la técnica de colorear espontáneamente es una buena forma de registrar aquello que el ojo físico pasa por alto.

Elige un sujeto que vaya a permanecer relativamente quieto durante un rato.

No hace falta que conozcas a la persona. Puedes sentarte en un parque o en la plaza de una ciudad y observar a alguien que almuerza mientras lee o utiliza el teléfono móvil. También podrías estudiar a alguien sentado al otro lado de la oficina y que está hablando por teléfono.

Siéntate de forma que puedas verle la cabeza, la parte delantera o la espalda del sujeto, si es posible alumbrado por una luz suave.

Tanto para observar el aura anímica como el de la personalidad de la otra persona, relájate y deja que tus ojos se desenfoquen ligeramente, tal como cuando sueñas despierto o te quedas dormido, de modo que la persona que observas se vuelva casi borrosa. A algunas personas les resulta más fácil mirar un poco hacia un lateral de la persona, en lugar de tenerla en el centro de su visión. Otra posibilidad es mirar unos centímetros por encima de su hombro.

Esta vez, basta con dibujar un círculo que represente la cabeza del sujeto en papel blanco y, alrededor de la parte exterior de esa cabeza, dibujar un círculo interior para el aura de la personalidad y, más allá del círculo interior, un círculo exterior para el aura anímica. A continuación, seleccionando los lápices de colores con el tacto, en lugar de buscarlos con la mirada en la caja, colorea el aura anímica en el diagrama de la cabeza. Cambia la mirada de la persona a la página y viceversa, lenta y continuamente, pero no intentes controlar lo que hace tu mano. Déjate llevar por el color.

Si ninguno de los colores brillantes te resulta adecuado para el aura anímica al tacto, prueba con los lápices de colores de la personalidad que sean más mates, ya que el aura anímica puede estar apagada, agotada o deprimida.

A continuación, puedes estudiar y registrar el tono o tonos del aura de la personalidad del mismo modo, dejando que el grosor relativo de las bandas, si hay más de un color, aparezca de manera espontánea. Recuerda que debes cerrar los ojos y permitir que la cortina de terciopelo azul entre en tu mente antes de pasar al aura de la personalidad.

LA SIGUIENTE ETAPA EN LA LECTURA DEL AURA

Ahora vamos a combinar las lecturas del aura anímica y de la personalidad, y a añadirlo a lo que ya has aprendido para obtener más detalles. Comienza a guardar un archivo sobre diferentes personas a las que observas regularmente, y, en cada ocasión, comienza estudiando el aura anímica, para seguir con el aura de la personalidad. Vas a atender a los dos aspectos del aura con más detalle, para observar psíquicamente cualquier veta oscura que exista, como agujeros o atascos dentro de las franjas del aura, ya sea la anímica o la de la personalidad.

De momento, sigue dibujando la cabeza como un círculo y registra el aura de la personalidad como el círculo interior alrededor de la cabeza (los colores pueden superponerse) y el aura anímica como un segundo círculo exterior, alrededor del círculo de la personalidad.

Esta vez no vas a mirar ni a parpadear deliberadamente, aunque, si quieres parpadear o cerrar los ojos momentáneamente, no pasa nada. La clave es no forzar la recepción de ninguna impresión, de ninguna manera. Esta vez, elige los colores conscientemente.

Estudia primero el aura del estado de ánimo, utilizando el método sugerido en la página 47, luego cierra los ojos y visualiza esa cortina de terciopelo azul. A continuación, estudia el aura de la personalidad, con la técnica de la página 60.

Esta vez, además de registrar los colores y tonos reales, marca las líneas irregulares, nudos, enredos, rayas oscuras, zonas pálidas o incluso agujeros de los que te percates. Todos ellos pueden delatar traumas emocionales.

Por ejemplo, un desencadenante marcado por una maraña en el aura aní-mica puede provocar una reacción nada ajustada a la situación real. El origen puede estar en un antiguo menosprecio que no permite crítica. O es posible que oigas en tu mente palabras o frases que den más información sobre el aura y la persona que estás estudiando, así que escribe también estas en tu diagrama.

Si sientes que ya no te llega información, etiqueta la imagen con el lugar y las circunstancias, la fecha y, si lo sabes, el nombre de la persona. Si la conoces, quizá relaciones parte de la información obtenida del aura con las circunstan-cias reales. Pero esto, en esta fase, no es tan importante como la práctica.

PRÁCTICA CONTINUA CON EL AURA DE LA PERSONALIDAD

Lee las auras de personalidad en todas partes, aunque no consigas obtener re-sultados. Con alguien con quien puedas hablar (y es extraordinariamente fácil entablar una conversación casual), lee su aura de personalidad.

Comprueba si los colores de las franjas del aura del progenitor cariñoso (rosa intenso) y del ejecutivo estresado (azul muy brillante) están equilibrados, o si están presentes colores confusos que puedan sugerir un conflicto de intereses.

Para registrar con claridad estos detalles adicionales, crea un diagrama de la cabeza rodeada por dos círculos. En el primero, registra el aura anímica; en el segun-do, registra el aura de la personalidad. Según te familiarices y adquieras experiencia con las auras, un diagrama más complicado con siete círculos —uno para cada capa del aura— puede llegar a serte más útil en el trabajo de curación y limpieza.

En el próximo capítulo, trabajaremos en la limpieza y curación del aura, y también en el trabajo con colores antídotos.

5

LIMPIANDO, SANANDO Y ENERGIZANDO LAS AURAS

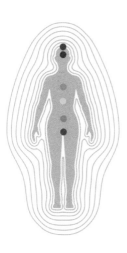

AL ESTUDIAR LAS AURAS ANÍMICAS Y DE LA PERSONA-
lidad, debes haberte dado cuenta de que existen otras bandas de
color aurales en el fondo. Estas siete bandas de color, y los colores
subsidiarios dentro de ellas, contienen la clave para lograr la salud y el bienestar y, a través de ellas, puedes limpiar y energizar toda el aura. También
puedes sanar y fortalecer aquellos aspectos individuales de la misma que hacen
que el cuerpo, la mente y el alma estén desequilibrados.

Si el aura se bloquea, se vuelve hiperactiva o se debilita, los efectos de tal
bloqueo pueden acabar provocando aquellas enfermedades a las que la persona
tiene predisposición, o agravar problemas físicos ya existentes. Por ejemplo,
el estrés suele reflejarse en el aura en forma de mordiscos o enredos, y puede
acabar creando enfermedades o favoreciendo las ya existentes.

Puedes limpiar, sanar y potenciar las auras de amigos y familiares o clientes, si cuentas con su permiso. Si se trata de alguien que está enfermo, pregúntale si aceptaría una sanación. La aceptará si así debe ser.

CÓMO IDENTIFICAR LAS DIFERENTES BANDAS DEL AURA

Las siete bandas aparecen como un halo arcoíris alrededor del cuerpo, en forma de elipse, pero, de nuevo, se forman más claramente alrededor de la cabeza y los hombros.

Pide a tu visión psíquica que te muestre las siete franjas, igual que hiciste con las auras anímica y de la personalidad en actividades anteriores. Relájate y observa con los ojos entrecerrados; si es necesario, cierra y abre lentamente los ojos, dos o tres veces, mientras te contemplas a ti mismo en un espejo, o alrededor de la cabeza y los hombros de la persona a la que vas a ayudar.

Las siete capas del aura

Cada capa del aura está potenciada por un chakra, que son los centros energéticos invisibles de nuestro cuerpo. Cada capa del aura refleja el color de su chakra. Los efectos de los chakras bloqueados o hiperactivos se reflejan en las capas del aura y pueden curarse o fortalecerse trabajando directamente sobre el aura. Los colores del aura emanan del cuerpo espiritual interior del que forman parte los chakras.

1. LA CAPA ETÉRICA: LA CAPA MÁS INTERNA DEL AURA

Esta primera capa del aura está alimentada por el centro de energía del chakra rojo de la base o raíz. Los colores marrón, negro y gris del aura emanan de este chakra.

Esta capa roja del aura refleja nuestros instintos básicos y la salud física general. Está conectado con los mecanismos de huida o lucha, así como con la resistencia física que da energía al cuerpo. Aquí residen la ira y la agresividad

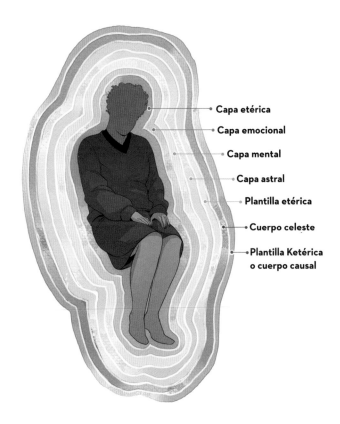

Capa etérica
Capa emocional
Capa mental
Capa astral
Plantilla etérica
Cuerpo celeste
Plantilla Ketérica
o cuerpo causal

incontroladas, y también su lado más positivo: la consciencia de la oportunidad y el peligro, y los mecanismos de supervivencia.

La capa del aura etérica, al igual que el chakra base o raíz, rige las piernas, los pies y el esqueleto. Esto incluye los dientes, las articulaciones, los músculos, la estructura celular, los intestinos, la próstata, el sistema circulatorio y el intestino grueso.

2. LA CAPA EMOCIONAL: LA SEGUNDA CAPA DEL AURA

La segunda capa del aura está alimentada por el chakra sacro naranja. El aura, en este nivel, se muestra como luz naranja o plateada, especialmente cuando los asuntos sexuales o tocantes a la fertilidad ocupan un lugar destacado en la vida de una persona.

Esta capa se ocupa de los deseos, ya sean de amor, sexo, aprobación, comida u otros estímulos orales, tales como el café o los cigarrillos, y de los trastornos alimentarios. Aquí también residen nuestras intuiciones básicas o *corazonadas*, como a veces se las llama.

La capa del aura emocional, al igual que la del chakra sacro, rige el agua dentro del cuerpo y, por tanto, los problemas de retención de líquidos e hidratación, las hormonas, el sistema reproductor, los riñones, la fertilidad y la vejiga. Es una capa especialmente sensible al estrés.

3. LA CAPA MENTAL: LA TERCERA CAPA DEL AURA

La tercera capa del aura está alimentada por el chakra del plexo solar, de color amarillo dorado y es la que refleja nuestro poder personal, confianza, determinación y nuestro yo individual. A menudo, en nuestro mundo moderno, competitivo y que funciona 24 horas al día, 7 días a la semana, se encuentra sobrecargada.

La capa mental y el chakra del plexo solar rigen la digestión, el hígado, el bazo, la vesícula biliar, el abdomen, el estómago, el páncreas, el intestino delgado, el metabolismo, la zona lumbar y el sistema nervioso autónomo.

4. LA CAPA ASTRAL: LA CUARTA CAPA DEL AURA

La cuarta capa del aura está alimentada por el chakra del corazón, de color verde intenso. A veces también emana rosa de esta aura.

Este nivel del aura controla la capacidad de dar y recibir amor, y de comprender y empatizar con los demás, sin ahogarse en la culpa ni asumir un exceso de responsabilidades.

El color turquesa está presente de manera significativa en forma de una delgada banda exterior, dentro de esta franja del aura, si la persona es muy consciente espiritualmente, y altruista.

La capa astral y el chakra del corazón rigen el corazón, el pecho y los senos, los pulmones, las glándulas linfáticas, la presión y la circulación sanguíneas, la parte superior de la espalda y la piel. También controla los virus y las alergias.

5. LA PLANTILLA ETÉRICA: LA QUINTA CAPA DEL AURA

La quinta capa del aura está alimentada por el chakra celeste de la garganta.

Es la capa del aura relacionada con la creatividad, la comunicación y la escucha, así como con el habla, la formulación y expresión de ideas, y el desarrollo de ideales. Relacionada con el espectro autista, esta capa del aura también controla el sueño.

La plantilla etérica y el chakra de la garganta rigen los órganos de la garganta y del habla, la glándula tiroides, el cuello y los hombros, y los conductos que suben hasta los oídos, y la boca y la mandíbula.

6. EL CUERPO CELESTE: LA SEXTA CAPA DEL AURA

La sexta capa del aura está regida por el chakra índigo del entrecejo.

En este nivel del aura, que se ocupa de la imaginación, la inspiración, las pesadillas, los miedos y las fobias, nuestro bienestar espiritual puede afectar a nuestro bienestar físico.

El cuerpo celeste y el chakra del entrecejo controlan los ojos, los senos paranasales, los oídos, los dolores de cabeza (incluidas las migrañas), la glándula pituitaria, el cerebelo y el cerebro anterior, y su influencia se extiende hacia la cavidad central del cerebro.

7. LA PLANTILLA KETÉRICA O CUERPO CAUSAL:

LA SÉPTIMA CAPA DEL AURA

La séptima capa del aura está alimentada por el chakra corona, cuyo color es el violeta, que se funde con el blanco puro y el dorado. Este es el nivel del aura de integración total de tu yo físico, emocional, psicológico y espiritual.

La plantilla ketérica y el chakra corona rigen el cráneo, el sistema autoinmune, todas las funciones neurológicas, la parte superior del cerebro, la corteza cerebral, el cerebro, el sistema nervioso central, el crecimiento del cabello y la glándula pineal. Integran el funcionamiento del cuerpo, la mente y el espíritu.

EVALUANDO EL BIENESTAR DE LAS SIETE CAPAS DEL AURA DEL ARCOÍRIS MEDIANTE EL PODER DEL TACTO

Este método te permitirá sentir las siete bandas separadas utilizando la psicometría, o tacto psíquico, para evaluar el estado general de tu aura, así como considerar cualquier factor relevante en las distintas franjas. También puedes intentarlo con amigos o familiares mientras están cómodamente sentados en una silla.

Confía en lo que tus dedos te transmiten a través del tacto, pero también en lo que percibes a través de la visión clarividente o de palabras que surgen en tu mente, o incluso de impresiones. Con el tiempo, empezarás a percibir o incluso a ver los colores.

Determina en qué parte del aura percibes algún problema. ¿Puedes sentir nudos o enredos causados por un estrés continuo que no puede manifestarse de forma abierta, por ejemplo, en la plantilla etérica azul?

Comienza en el aire, directamente por encima de tu cabeza, aproximadamente a la distancia de una brazada de tus propios cabellos. Coloca las manos de modo que las palmas miren hacia abajo. Manteniendo las manos a la distancia de un brazo, mueve con lentitud los brazos de modo que acaben tendidos horizontalmente y las palmas miren hacia las orejas.

Mantenlos inmóviles a brazada de distancia de tu cabello. Sentirás un ligero zumbido, una pequeña carga eléctrica y calor, casi como chispas, ahí donde los límites exteriores de tu aura se funden con el cosmos.

Si no puedes detectar nada, mueve las manos lentamente hacia el interior, ya que tu aura puede ser temporalmente más pequeña si te encuentras cansado, indispuesto o sientas que te hallas bajo presión.

Una vez localizado, sigue ese borde hormigueante, ahí donde el aura toca el cosmos alrededor de la cabeza y los hombros, manteniendo una mano a cada lado de la cabeza.

Una vez que hayas sentido la capa más externa, devuelve ambas manos a la posición central de la coronilla, a donde sentiste los límites externos del aura y el cosmos. Mueve ambas manos, una al lado de la otra, directamente en vertical hacia el interior, a través de la séptima capa del aura, para detectar mediante el tacto una sensación ligera, casi pegajosa, que delatará los límites interiores de la séptima banda del aura y el límite más exterior de la sexta capa índigo del aura.

Cuando la hayas localizado, mueve las manos hacia atrás de modo que una esté a cada lado de la cabeza, trazando de nuevo la forma del aura.

Sigue moviéndote hacia el interior hasta que hayas localizado seis capas, cada una de las cuales percibirás como menos etérea, a medida que una se funde con la otra. El borde más interno de la capa interior del aura (la roja) casi tocará el pelo.

Habrá una ligera resistencia a medida que te desplazas hacia el interior, a través de cada franja. Las energías del aura emiten una sensación ondulante —como el aire generado por un ventilador muy débil— que se siente con más fuerza en las capas exteriores.

Una vez que hayas palpado toda el aura, vuelve a moverte hacia fuera, hacia los límites exteriores, de nuevo capa por capa, trabajando muy lentamente, deteniéndote para palpar o sentir cualquier zona sin vida, nudos o enredos, o líneas irregulares.

Registrando los resultados

Cuando hayas terminado de evaluar la salud de tu aura, dibuja una cabeza y unos hombros en tu diario y, alrededor de la misma, dibuja siete bandas, tal como hiciste al evaluar tus auras del estado de ánimo y de la personalidad. Marca los problemas que hayas encontrado, penetrando tantas capas como hayas sentido.

Crea símbolos para indicar cada tipo de deficiencia; por ejemplo, líneas en zigzag para las irregularidades, nudos para los enredos, y agujeros vacíos para el agotamiento. Si el aura está pálida por todas partes, podrías dibujar líneas de puntos a lo largo de cada banda. El aumento de actividad podría representarse como una serie de espirales superpuestas.

Descubrirás que conoce los colores y matices correctos de forma automática, pero presta atención a si falta algún color por completo o si está eclipsado por un color del aura que tiene a cada lado.

LIMPIANDO Y ENERGIZANDO EL AURA

Una vez a la semana, o cuando hayas tenido unos días agotadores o difíciles, utiliza un péndulo de cristal transparente. El péndulo transparente es un conductor de energía de luz blanca, que es la síntesis de todos los colores y, a medida que se desplaza a lo largo del aura, libera espontáneamente los colores, en la intensidad que sean necesarios.

Para tu propio beneficio, trabaja en la zona del aura que está alrededor de tu cabeza y hombros; los resultados beneficiosos se extenderán por todo el cuerpo. Cuando se trabaja con otras personas, algunas prefieren mover el péndulo sobre toda el aura, de la cabeza a los pies, por delante y por detrás, ya que el aura rodea todo el cuerpo, formando una elipse.

Limpiando el aura con el péndulo de cristal transparente

Comprueba tu diagrama y sujeta el péndulo de modo que oscile libremente, empuñando la cadena con la mano dominante.

Mueve el péndulo muy lentamente en espirales, en sentido contrario a las agujas del reloj, hacia dentro y hacia fuera de tu aura, alrededor de la cabeza y los hombros, desde los bordes exteriores hasta acercarlo tanto que casi roce la línea del cabello y luego hacia fuera de nuevo, muy lentamente, como si estuvieras tejiendo una red de luz.

Podrás sentir algo semejante a mordiscos en ciertos lugares, como una hilera de agujas clavadas hacia el exterior. En esos puntos, el péndulo girará rápidamente en sentido contrario a las agujas del reloj. Podrás sentir ligeras náuseas o dentera. Los mordiscos pueden penetrar varias capas, delatando una situación estresante.

Confías en el movimiento del péndulo y sabrás dónde y con qué intensidad mover el péndulo, siempre en sentido contrario a las agujas del reloj, para desenredar un nudo, o rodearlo para mitigar manchas de color especialmente ásperas.

Si, de repente, el péndulo quiere girar en el sentido de las agujas del reloj, permítele que lo haga. Eso es algo que ocurre porque la zona necesita algo de luz y energía instantáneas, para vencer cierta resistencia del aura. En ese momento, puede que entres en un ligero estado de trance.

El péndulo se moverá suavemente, una y otra vez, sobre un punto en el que haya un nudo, como si un hilo se estuviera soltando. Los enredos, o un grupo de nudos, se ven reflejados con un movimiento de vaivén que se mitiga de forma gradual, como si el péndulo se liberara.

Si el aura está hiperactiva en alguna de las franjas, o quizá en dos o tres, el péndulo vibrará bastante rápido, y suele oscilar de un lado a otro. Puede sentirse momentáneamente como irritable o exaltado. Continúa moviendo el péndulo despacio, en círculos en sentido contrario a las agujas del reloj, hasta que tal sensación se apacigüe.

Una vez que sientas un suave zumbido de energía, como si se hubiera encendido un calefactor caliente, el péndulo se ralentizará de manera espontánea y acabará por detenerse.

Energizando el aura

Sumerge el péndulo nueve veces en un vaso de agua y, a continuación, mantenlo encima de una vela o de alguna otra fuente de luz natural durante unos segundos.

A continuación, pasa el péndulo en círculos, en el sentido de las agujas del reloj, por toda la zona del aura, de nuevo desde fuera hacia dentro y de vuelta hacia fuera rítmicamente, recordando dónde había colores apagados o agujeros por los que se hubiera filtrado energía.

Traza un agujero, repasando la zona repetidamente en pequeños círculos suaves, en el sentido de las agujas del reloj, como si lo estuvieras coloreando en un papel.

Es posible que el péndulo vuelva a zonas concretas del aura, ya que sintoniza con los puntos problemáticos que necesitan infusiones adicionales de energía.

Cuando el aura esté completamente energizada, el péndulo se ralentizará.

Termina con tres círculos en el sentido de las agujas del reloj, a un palmo de la cabeza, para sellar las energías. Para métodos más detallados sobre cómo sellar el aura, véase el capítulo 9 (página 115).

Vuelve a sumergir el péndulo en el agua nueve veces y déjalo secar al aire.

Comprobando de los resultados

Ahora vuelve a calibrar el aura con el péndulo y crea un nuevo diagrama, devolviendo el péndulo a las zonas problemáticas para limpiarlas y/o energizarlas.

En el siguiente capítulo, os sugiero métodos alternativos para limpiar, sanar y potenciar el aura, para que encuentres el que sea más idóneo para ti.

REFORZANDO Y MANTENIENDO LA SALUD DE TU AURA

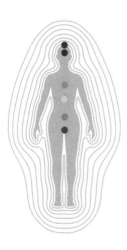

E L CUIDADO CONTINUO DE TU AURA PUEDE CONVER-
tirse en parte de tu vida cotidiana, aunque dispongas de poco
tiempo para ellos.

Es posible que desees realizar cambios duraderos en las capas del aura
a lo largo de un plazo de semanas o meses. Quizá quieras superar un estado
de ánimo negativo que siempre viene provocado por un acontecimiento o
una persona concretos. O tal vez quieras modificar o poner más de relieve un
rasgo concreto de tu personalidad. O tal vez quieras abordar un problema de
salud relacionado con una de las franjas del aura.

Trabajar regularmente con tu aura cura tanto la salud física como los
problemas emocionales, y evita que tanto los problemas físicos como los emocionales se repitan con tanta facilidad en el futuro.

LLENANDO TU AURA DE LUZ, PODER Y ARMONÍA

Una vez al mes o antes de ocasiones especiales, como por ejemplo una entrevista o una cita importante, llena tu aura de luz, resplandor y poder del cosmos para atraer de manera espontánea buenas situaciones, oportunidades y personas. La siguiente técnica, practicada con regularidad, ayuda a aliviar afecciones crónicas y dolores y malestar cuya causa se desconoce.

Cómo crear tu aura de carisma arcoíris

Trabaja a la luz del sol, de la luna o al resplandor de una vela blanca. Levanta los brazos y traza un arco por encima de la cabeza, de modo que las manos se curven hacia el interior, sobre el centro de la cabeza, como una copa, pero no dejes que las manos toquen el cabello (mantenlas a un palmo de distancia del pelo).

Ahora, estira los brazos y apunta con los dedos hacia el cielo, con ambas manos juntas y las palmas apuntando en dirección contraria a ti. En silencio o en voz alta, pide que Dios/la Diosa, los arcángeles Gabriel o Rafael (ambos ángeles de la curación), o tu propio ángel de la guarda en concreto te llenen de luz, y que solo entren en ti la bondad y la curación. También puedes pedir cualquier curación especial que necesites.

Imagínate una luz radiante, transmitida en forma de rayos de oro puro y blanco hasta la punta de los dedos y que baja por las manos, recorriendo en espiral el aura que rodea tu cuerpo. Es posible que percibas hormigueos y chispas doradas alrededor de las manos.

Mantén las manos en esa posición hasta que sientas que toda tu aura vibra con poder y resplandor.

Ahora, vuelve a crear una copa con las manos sobre la cabeza. Trabajando a un brazo de distancia de la parte superior de tu cabeza, haz que tus palmas miren hacia el interior, con los dedos juntos y curvados para moverse en armonía hacia adentro, hasta que alcancen las chispas que centellean a lo largo del borde más externo del aura, sobre tu cabeza, todavía como blanco y dorado.

Tus manos se separarán mientras se mueven hacia abajo, todavía a un brazo de distancia de tu cuerpo, trazando el borde exterior del aura.

A medida que las manos se desplazan con lentitud hacia abajo, sentirás cómo la luz se difunde en forma de colores violeta, índigo, azul, verde, amarillo, naranja y rojo, impregnando todas las capas del aura hasta alcanzar la capa roja más interna, justo alrededor del cuerpo.

Cuando llegues a tus pies, haz otra copa con tus manos que sintetizará los colores del aura, una vez más como luz blanca y dorada.

Vuelve a colocar las manos en la posición de arco original por encima de la cabeza, moviéndolas a ambos lados del cuerpo, hacia arriba, hasta que formen el arco original por encima de la cabeza.

La luz blanca y dorada de la copa de luz a tus pies añadirá brillos o estrellas a tu aura.

Repite todo este ejercicio, desde el principio, seis veces más, pero trabajando siempre desde la capa más externa del aura y permitiendo que las energías penetren en las siete capas.

Los dedos te hormiguearán y brillarán. Cuando completes los siete movimientos, sentirás o verás que tu arcoíris se vuelve aún más brillante y claro, y que te envuelve en una elipse que se extiende por delante y por detrás de ti. Estarás encerrado en una burbuja arcoíris, que fluye como un líquido caliente y se derrama más allá de ti, hacia el cosmos.

Por último, agita los dedos un palmo por encima de la cabeza y las chispas residuales de energía blanca y dorada caerán en cascada a tu alrededor, haciéndote sentir protegido y, a la vez, abierto a nuevas experiencias.

Cuando hayas terminado, sumerge las manos en agua, en la que hayan estado en remojo, durante ocho horas, una amatista y un cuarzo cristalino transparente. Déjalas secar sobre una toalla suave.

Agradece a tus guías y ángeles, y luego sal y asombra al mundo.

TRES FORMAS MUY RÁPIDAS DE MANTENER TU AURA BRILLANTE Y SANA

Utilizar el agua

Si necesitas energía, sumerge las manos en un cuenco de agua fría en el que hayas sumergido un cristal de cuarzo transparente durante ocho horas; o, si te sientes desequilibrado o inquieto, utiliza una amatista.

Rocía las gotas de agua sobre tu cabello y en el aire, alrededor del borde más externo del aura que rodea todo el cuerpo, trabajando a una distancia de un brazo, alrededor de toda la cabeza y el cuerpo.

Sigue mojando y pulverizando hasta que te sientas refrescado.

Por último, pulveriza un poco ante de tus pies.

Para tratar diferentes necesidades, consulta el capítulo 7 (página 91) para saber cómo puedes hacer aguas cristalinas capaces de fortalecer diferentes capas del aura.

Uso de cristales

Para reparar el aura con rapidez, utiliza un cristal de cuarzo transparente largo y puntiagudo o una varita de cristal. Sujétala apuntando hacia fuera con la mano dominante y gira el cristal, empezando a un palmo por encima de la cabeza y moviéndolo hacia dentro y hacia fuera, en espirales alternas, en el sentido de las agujas del reloj y en sentido contrario, hasta casi rozarte la parte superior del pelo. Desplaza el cristal cada vez más deprisa alrededor de la cabeza y los hombros, a un palmo por encima de la cabeza, durante dos o tres minutos, y luego hacia abajo por el lado izquierdo del cuerpo, todavía a un palmo de distancia, metiendo y sacando el cristal del campo del aura por delante de los pies, y luego hacia arriba, por el lado derecho, hasta terminar por encima de la cabeza.

Cuando no puedas mover el cristal más deprisa, repite los movimientos, cada vez más despacio, hasta que sostengas la punta de cristal sobre tu cabeza.

Luego mantenlo, con la punta hacia adentro, primero frente a tu frente, luego tu garganta y después tu corazón, diciendo:

Sobre mí, la luz (sobre la cabeza),

Dentro de mí, el resplandor (frente),

Que me llene (garganta),

De amor en mi corazón.

Consultando las listas de los capítulos 1 y 2, podrás encontrar el cristal adecuado y, si no consigues uno puntiagudo, utiliza un canto rodado alargado.

Usando fragancias

Utiliza varitas de incienso de salvia en miniatura, de unos centímetros de largo, o una varita de incienso normal de lavanda, rosa, romero, salvia o sándalo. Elige la fragancia adecuada para cualquier nivel del aura que necesite atención especial, tal como se especifica en los capítulos 1 y 2 (páginas 19 y 33, respectivamente).

Enciende el tizón o la varilla de incienso, y difunde el humo en círculos alternos, en el sentido de las agujas del reloj primero y después en sentido contrario a las agujas del reloj, a un palmo de tu cuerpo, por encima de tu cabeza y alrededor de tus pies, hasta que sientas que las energías cambian.

Realízalo al aire libre o en una habitación bien ventilada. Después, deja que la fuente de humo se consuma al aire libre.

Eliminando la contaminación

Si la atmósfera de tu casa o de tu lugar de trabajo ha sido tóxica, puedes eliminar la contaminación de tu aura inspirando luz y exhalando oscuridad. Este método funcionará, tanto si quieres cambiar un estado de ánimo, como si sabes que una situación hace aflorar un aspecto negativo de tu personalidad, o si quieres limpiar parte o toda tu aura. Por ejemplo, puedes hacer esto si sientes que está a punto de darte un dolor de cabeza relacionado con la sexta capa externa índigo del aura, o si tienes síndrome premenstrual (regido por la segunda capa naranja), pero debes presidir una reunión.

Escápate uno o dos minutos para hacerlo. O, si estás con gente y el ambiente es tenso, puedes hacerlo subrepticiamente *in situ*.

Respira con color mientras esperas en la cola de un supermercado o en una estación de tren. Es una forma excelente y rápida de equilibrar tu aura si te sientes tenso o te has enfrentado a muchas personas o situaciones difíciles.

Inspira y espira mientras visualizas la respiración en diferentes colores. También es una forma de fortalecer el aura por la mañana temprano, si has dormido mal o te espera un día difícil. Asimismo, puedes terminar el día de esta forma, para relajarte y sumirte en un sueño tranquilo. Elimina la negatividad general del aura exhalándola en forma de colores oscuros, apagados o turbios. A continuación, equilibra tu aura introduciendo tonos más claros y brillantes al inspirar. Para limpiar y energizar el aura en general, visualiza la inhalación de luz blanca o dorada y la exhalación de luz oscura o gris.

QUÉ COLOR UTILIZAR

Si tienes una dolencia física, las listas del capítulo 5 especifican qué zonas del cuerpo o de la mente necesitan más atención, para que puedas enviar sanación o fuerza a esa zona concreta del aura. Alternativamente, si te sientes mal, exhala el color del aura del estado de ánimo que está causando el problema e inhala un tono más suave. O inspira un tono más brillante del color del problema si está muy apagado o tiene agujeros.

Y, lo que resulta aún más potente, puesto que cada color tiene un color antídoto que lo compensa, puedes utilizar tonos más suaves de tal antídoto para tratar un color de aura demasiado duro y tonos más vibrantes para agujeros o capas de aura descoloridas. Prueba ambos métodos y comprueba cuál te funciona mejor.

Si tienes un espejo o una superficie reflectante, realiza una evaluación instantánea, primero del aura anímica, luego del aura de la personalidad y, por último, de las siete bandas de color. Con la práctica, ni siquiera necesitarás hacer tal cosa; sabrás qué banda del aura necesita arreglo.

Iniciación a la respiración cromática

Respira hondo por la nariz lentamente (uno... y... dos... y... tres), y aguanta la respiración de nuevo hasta la cuenta de tres. Exhala lentamente, por la boca, con un suspiro hasta realizar la misma cuenta. Si estás en público, hazlo con discreción.

Existen muchos patrones de recuento de respiraciones, así que experimenta y utiliza el método con el que te sientas más cómodo.

Hazlo cinco o seis veces.

Visualiza el aire que inhalas como luz blanca o dorada pura.

Exhala con lentitud, apreciando cómo la niebla negra es expulsada, dejando así tu cuerpo más ligero y armonioso.

Reduce el ritmo de tu respiración un poco más, dejando que la luz dorada o blanca se extienda por toda tu aura (uno... y... dos... y... tres... y... cuatro), conteniendo la respiración y exhalando de nuevo (uno... y... dos... y... tres... y... cuatro).

Repite la misma pauta, visualizando en cada ocasión la niebla oscura saliendo de tu cuerpo y volviéndose más pálida a medida que la negatividad es expulsada, hasta que tu exhalación se perciba bastante clara. Entonces, tu aura ya estará limpia.

Puedes adaptar este método utilizando los colores de antídoto que aparecen a continuación.

Utiliza la respiración exhalada para desterrar la negatividad, como hemos hecho antes, y el color inhalado para introducir calma o energía, según tus necesidades. Los colores más cálidos —rojo, amarillo y naranja— son estimulantes, y el azul, el verde y el morado —los colores más fríos— calman y elevan suavemente.

COLORES ANTÍDOTO PARA EL AURA

ROJO, ETERICO, PRIMERA CAPA: Azul

NARANJA, EMOCIONAL, SEGUNDA CAPA: Índigo

AMARILLO, MENTAL, TERCERA CAPA: Violeta

VERDE, ASTRAL, CUARTA CAPA: Naranja o azul

AZUL, PATRÓN ETÉRICO, QUINTA CAPA: Rojo

INDIGO, CUERPO CELESTIAL, SEXTA CAPA: Naranja

VIOLETA, PATRÓN KETÉRICO, SÉPTIMA CAPA: Amarillo

Antídotos para otros colores del aura

NEGRO: Blanco

MARRÓN: Amarillo o azul

ORO: Plata

GRIS: Blanco

MAGENTA: Azul brillante

ROSA: Azul cielo intenso o azul más oscuro

PLATA: Oro

TURQUESA: Verde o azul suave

BLANCO: Plateado o un tono de blanco contrastado; lechoso para mayor dureza; blanco brillante para la palidez.

CREACIÓN DE REMEDIOS ANTÍDOTOS

Los colores antídoto, en tanto que tonos más suaves o más brillantes de un color de aura problemático, pueden añadirse a cristales, flores o alimentos, en distintas manifestaciones o con gestos concretos en nuestro día a día, entre los que podemos destacar: encendiendo velas, vistiendo ropa del color adecuado o visualizando el color o tono de contrapeso necesario.

Si no se dispone de un color adecuado, puedes encender una vela blanca. Imagina que el color que necesitas sale de la vela como un rayo de luz.

Usando cristales antídoto

Si se llevan encima a modo de joyas, los cristales pueden tratar una afección crónica asociada a un nivel del aura o modificar un estado de ánimo recurrente, o un rasgo indeseable de la personalidad.

Se pueden llevar cristales de un tono adecuado (uno por cada capa del aura, si es que realmente todo el aura está desequilibrada), dejarlos en platos en casa o en el lugar de trabajo, y remojarlos un tiempo en agua. Ese agua puede beberse, utilizarse en baños o salpicarse sobre el aura, cuando uno se sienta estresado.

Como método alternativo, respira el color del antídoto sosteniendo el cristal con las manos abiertas en forma de copa, cerca de la boca, mientras inhalas y exhalas suavemente, absorbiendo los poderes del cristal.

Los cristales para cada capa del aura se enumeran en los capítulos 1 y 2 (a partir de las páginas 19 y 33, respectivamente). Consulta el capítulo 7 (a partir de la página 91) para saber cómo hacer aguas cristalinas del aura.

Usando fragancias

Las hierbas y flores olorosas, ya se utilicen en forma de incienso, como aceites en un quemador o difusor, como velas aromáticas o, mejor aún, como velas en su forma natural, contienen fuerza vital pura, útil para sanar y fortalecer las diferentes capas del aura.

Como buena práctica aspira los colores del aura asociados a la fragancia (páginas 22-31) y respirarás sus fuerzas. Un jardín aromático, a la luz del sol o de la luna, es un gran reconstituyente del aura. O también puedes utilizar otra opción como incluir en la decoración macetas de hierbas en tu cocina.

Añade aceites o productos perfumados al baño o como fragancia o aceites aplicados en los *puntos donde tomas el pulso*. Mezcla dos o tres en un quemador o quema diferentes velas perfumadas para trabajar con más de una capa.

En el próximo capítulo, trabajaremos con las auras colectivas del hogar y del lugar de trabajo, e interpretaremos lo que ocurre entre las personas en un lugar de trabajo, o en una reunión social, a través de sus interacciones en esa aura.

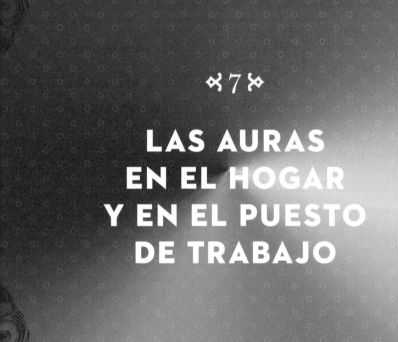

❖ 7 ❖

LAS AURAS EN EL HOGAR Y EN EL PUESTO DE TRABAJO

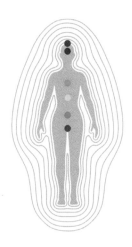

LAS AURAS REVELAN INFORMACIÓN OCULTA CUANDO interactuamos con vecinos, amigos, familiares y colegas, tanto en el trabajo como en cualquier reunión social. Estudiando estas conexiones del aura, puedes captar casi de manera instantánea la dinámica de cualquier situación, evitando así los escollos y detectando posibilidades de crear vínculos positivos, incluso con personas difíciles.

CÓMO ESTUDIAR LAS INTERACCIONES DEL AURA

Las auras de cada miembro de la familia, así como las de las personas en el lugar de trabajo o en reuniones sociales, interactúan constantemente, ya sea de forma positiva o negativa. Pueden intentar dominar y manipular (cuidado con los amarillos y verdes turbios), o pueden fusionarse, a semejanza de un mar que fluye constantemente, para crear un aura armoniosa y colectiva en el hogar o el lugar de trabajo.

Es fácil leer las interacciones del aura. Las líneas pueden venir de cualquier parte del aura del emisor, pero suelen percibirse emanando de alrededor de su entrecejo, entre los ojos y justo encima de ellos. Y se reciben en la misma zona.

SINTONIZANDO CON LAS INTERACCIONES DEL AURA

Relájate, entrecierra los ojos y deja que se enfoquen suavemente mientras observas a la gente en un grupo, ya sea de la familia, en una oficina, un seminario o una reunión más grande, como podría ser una boda o una graduación.

Busca líneas de interconexión y tonos de color que se muevan entre las personas, y fíjate en aquellos que no tienen líneas que les conecten, o que envían muchas, pero no reciben conexiones de vuelta. Observa también a las personas que reciben mucha atención, pero no responden emocionalmente. Y ya en lo que respecta a las propias líneas, presta atención a los nudos oscuros o a los tonos demasiado duros.

Los rayos del aura del amor siempre son fuertes, pero ¿son de un verde guisante posesivo o verde pálido, que indican un amor no correspondido, o existe una energía bidireccional, rica y verde?

TRABAJANDO CON AURAS EN LA FAMILIA, EL LUGAR DE TRABAJO Y LAS INTERACCIONES SOCIALES

Los rayos de conexión suelen ser enlaces del aura anímica. Sin embargo, el aura anímica puede estar influida por el aura de la personalidad subyacente, en términos de choques de personalidad reprimidos o fuertes compatibilidades. La compatibilidad profunda se da en el amor hasta el punto de que, si los amantes están cerca el uno del otro, puede parecer que sus auras se fusionan.

Si las reuniones familiares y sociales o los encuentros en el lugar de trabajo provocan conflictos, trazar las interacciones del aura pueden ayudarte a comprender la dinámica subyacente, evitar problemas y averiguar quién está generando las dificultades. La persona que creías que era una dulce tía mayor, el ratón de la oficina o un socio veterano del gimnasio que hace pesas como un poseso en un rincón, puede ser en realidad el que esté agitando la olla astutamente.

Estudia las auras de grupo en todas partes: en una salida con amigos, en una cena familiar en casa, en una boda importante, al conocer a nuevos familiares, al empezar un nuevo trabajo o dondequiera que se reúna gente nueva. Lo que la gente dice e incluso su lenguaje corporal, que puede controlarse, no reflejan necesariamente lo que ocurre en su interior.

Escribe notas en tu teléfono, sobre la marcha, para recordar lo que percibes. En una fiesta, garabatea tus observaciones en el reverso de una servilleta.

Después, en una hoja de papel grande, traza la dinámica del grupo que se produjo en la celebración u otra reunión. Dibuja y nombra círculos que representen a cada personaje al que hayas observado de cerca, y utiliza lápices de colores o rotuladores muy finos, de distintos tonos de color, para dibujar los rayos interconectados y trazar las conexiones.

Dibuja los rayos que van *hacia* cada una de las personas, desde un mismo individuo, como una sola línea, y los que vuelven hacia ellos como líneas separadas, con flechas en cada una para indicar la dirección en la que viajan los rayos.

Para los rayos que no lleguen al destinatario, coloca una línea vertical al final.

Una vez que hayas dibujado los rayos que se mueven entre todos, tu dibujo se parecerá a una tela de araña. ¿Quién tiene más rayos que van hacia él? ¿Quién emite más, intentando ser el alma de la fiesta? ¿Se comunican las personas de la familia o de la reunión social y, si es así, se expresan de forma positiva y con intención positiva? Observa los matices y descubrirás si alguien está totalmente aislado por elección, enviando rayos repelentes.

Observa las auras con líneas ganchudas, como tentáculos, que son manipuladoras o posesivas. Por el contrario, observa también los rayos sociables, que se extienden como rayos de sol por todas partes. Algunos rayos pueden ser cerrados y compactos, o brumosos y reservados, aunque la persona parezca extrovertida en sus palabras y acciones.

Sigue la línea hasta donde termine, o a la persona más cercana al punto en el que termine, fijándote en si se detiene en seco y se dispersa.

MEDIDAS CORRECTORAS PARA CREAR TERTULIAS FELICES

Si las personas y la situación, como un lugar de trabajo, te resultan familiares, verás surgir patrones y podrás prepararte de antemano para desviar los rayos negativos y amplificar los positivos. Podrás notar, con el tiempo, que una bruma o niebla, o un sol brillante, en casa o en el lugar de trabajo, genera un aura colectiva que se cierne sobre todos los individuos presentes. Esta aura colectiva puede perdurar incluso cuando las personas que contribuyen a ella no están presentes. Con el tiempo, puede generar una atmósfera general buena o mala, y crear conexiones de aura negativas, incluso entre personas normalmente pacíficas. A continuación, se indican las medidas correctoras que puedes tomar para crear reuniones felices en casa, en las relaciones, en el trabajo y en las funciones sociales.

Estas acciones pueden adaptarse al lugar de trabajo, si determinadas personas en una reunión diaria parecen generar negatividad incluso antes de hablar, o el ambiente se vuelve de repente poco acogedor o excesivamente duro y competitivo. Un aura colectiva en cualquier edificio que se utilice con regularidad, como un gimnasio, una oficina, viviendas y clubes sociales, puede acumularse a lo largo de meses y años. Así que observa hacia arriba y verifica si es que el lugar tiene un aura independiente que necesita ser modificada, sobre todo si la gente discute constantemente o se da de baja del trabajo con regularidad, debido al estrés.

Usando cristales

Los cristales son el medio más fácil y eficaz de conseguir la armonía del aura. Mantén platos con cristales de colores mezclados en las zonas de estar o de trabajo, para desviar los problemas, o guarda una bolsa o un bolso conteniéndolos, para así llevarlos a las zonas del lugar de trabajo donde abunden las energías negativas colectivas o frecuenten personas conflictivas. Añade aguas cristalinas a las bebidas en casa, en reuniones sociales, en tu lugar de trabajo o en un cuenco en el que floten flores.

Puedes usar:

- Cristales de tonos suaves —ágata azul de encaje, amatista, calcedonia azul y rosa, jade, calcita manganosa o rosa, cualquier fluorita, ópalo y piedra lunar— para fomentar interacciones amorosas suaves en el hogar, o para silenciar un aura individual demasiado dura y dominante o un aura laboral demasiado competitiva.
- Cristales vibrantes —ojo de tigre marrón, ámbar, cornalina, cuarzo transparente, citrino amarillo brillante, granate y diamante herkimer—

para contrarrestar las interacciones letárgicas o la falta de comunicación, y reavivar el entusiasmo.

- Cristales fuertes —lapislázuli azul, sodalita, sugilita púrpura y malaquita verde y negra— para calmar el pánico y la ansiedad, y propiciar una comunicación sincera y abierta.

- Cristales nebulosos y oscuros —cuarzo ahumado, lágrima apache, cuarzo rutilado, obsidiana y sílex pulido— para absorber las vibraciones de enfado o de confrontación, así como el rencor y el sarcasmo.

Usando fragancias

Las plantas y hierbas aromáticas forman un escudo psíquico y calman la irritabilidad y la hiperactividad.

- Añade hierbas a las recetas o hierbas frescas, picadas a una ensaladera. Consulta los capítulos 1 y 2 para ver las asociaciones de colores.

- Utiliza menta y romero para contrarrestar el rencor, salvia para calmar la ira y la irritabilidad, albahaca para promover el bienestar, manzanilla para fomentar la amabilidad, y jengibre para generar entusiasmo y optimismo.

Usando fuentes de color

Puedes probar con:

- Velas azules, rosas o verdes suaves, encendidas durante la cena o por toda una habitación en la que la familia o los amigos se relajarán, para así establecer conexiones cálidas, aliviar los enfados recurrentes, las actitudes rígidas o la angustia.

- Naranjas frescas, melocotones dorados, manzanas verdes, plátanos amarillos, ciruelas rojas, arándanos, grosellas negras y rojas y uvas (moradas, rojas o verdes), colocados en platos por toda una habitación, con el objetivo de refrescar las auras cansadas y disminuir los resentimientos persistentes. La gente elegirá invariablemente aquella fruta cuyo color más necesite su aura para equilibrarse.

• Frutos secos y semillas para aliviar el pánico y disminuir la sobrecarga.

Haciendo aguas de cristales

Para conseguir un efecto rápido, prepara elixires o aguas de cristales. A continuación, añade el líquido al té, café o zumo, o consúmelo como agua potable (solo se necesitan una o dos gotas), como antídoto contra individuos dominantes o para contrarrestar un aura de estado de ánimo colectivo negativo.

Elige cristales del tono y color adecuados. Para un color demasiado fuerte, usa un tono más suave del cristal antídoto, y para uno descolorido usa un tono más brillante.

Utiliza también elixires de cristales para fortalecer o curar tu propia aura.

Pon el cristal o los cristales en una jarra o una botella de cristal de cuello ancho y llena la jarra o la botella con agua hasta dos tercios.

Según la cantidad de agua que necesites, añade un número adecuado de cristales: uno para 250 ml (un cuarto de pinta), dos o el doble para 500 ml, y así sucesivamente.

Añade dos o más cristales de distinto color si hay varias auras que modificar. Un aura en concreto tan solo tomará los colores que necesite, no importa cuántos se utilicen.

Para agua energizante, selecciona cuarzo transparente. Para un agua calmante, lo mejor es la amatista o el cuarzo rosa. Utiliza agua de cuarzo rosa para el amor, y de jade para devolver la salud a un aura cansada y animar al fiel verde del amor a brillar con más intensidad, si está con un tono apagado.

Deja los cristales energizantes a la luz del día durante una hora aproximadamente. Los tonos más suaves deben exponerse al anochecer o a la luz de la luna.

Si un cristal es poroso o tóxico en contacto con el agua, como ocurre con las metálicas, tales como las piritas o la malaquita verde (si no estás seguro de la toxicidad de un cristal, consúltalo en un libro sobre cristales o minerales, como mi *Complete Crystal Handbook*), deja flotar los cristales, dentro de un pequeño frasco hermético, en un recipiente con agua durante unas horas y utiliza esa agua en la que dejaste flotar los cristales.

ABSORBIENDO EL COLOR DIRECTAMENTE

Exhalar color es la forma más inmediata y poderosa de difundir colores antídotos hacia personas y situaciones.

Utiliza fuentes naturales de color siempre que te sea posible, sostenlas en tus manos ahuecadas, o toca una flor o un trozo de fruta.

Sin embargo, puedes absorber las energías del aura, que necesitas para exhalarlas, a partir de cualquier fuente de color: rotuladores llevados a una reunión de trabajo, un cuadro en la pared, una vela encendida, telas de distintos colores, como ropa o mantas, objetos de madera o cerámica pintados, incluso los juguetes de los niños o el cielo azul visto desde una ventana.

Si no se dispone de una fuente de color inmediata, visualiza una gran esfera del color apropiado delante de ti.

Mira directamente hacia la persona que necesita que le insufles el color del aura, o hacia arriba, para conseguir un cambio de tono negativo colectivo;

inhala el color por la nariz y exhálalo como un suspiro suave o silencioso, en dirección a la persona que está a punto de ponerse agresiva.

Libera, en tu imaginación, rayos en forma de flecha de luz coloreada desde el área de tu tercer ojo, situado en el centro de tu frente, como líneas rectas paralelas dirigidas hacia el aura de la persona que lo necesite, o hacia arriba si se trata de modificar un aura colectiva.

Poco a poco, sentirás que el color fluye de ti, reduciendo su velocidad y acabando por detenerse de forma espontánea.

AURAS EN EL LUGAR DE TRABAJO

Las auras del lugar de trabajo ofrecen una buena guía para entender lo que ahí ocurre: quién lleva las riendas del poder, qué alianzas tácitas se han forjado y, en el caso de que seas nuevo ahí, cómo puedes integrarte mejor en la cultura de empresa y, con el tiempo, dejar tu impronta ahí. Si el tuyo es un puesto directivo, estudiar las interconexiones del aura puede ayudarte a decidir las mejores combinaciones de trabajadores dentro de un equipo y a identificar los desafíos ocultos a tu autoridad.

Exactamente igual que en el caso de las situaciones sociales, empieza por trazar las interacciones y conexiones entre las auras de las personas con las que trabajas a largo de un día normal.

Haz observaciones, en días diferentes, en el caso de que falten determinadas personas; una o dos personalidades fuertes pueden alterar todo el equilibrio de poder y armonía.

Traza las auras para averiguar el origen y la naturaleza de la antipatía, o quizá fuerte atracción, entre dos personas en las que en principio no habrías pensado que existiese tal sentimiento. ¿Hay una persona emocionalmente necesitada que intenta enviar tentáculos a todo el mundo? Las lecturas del aura de dos o tres personajes significativos pueden cambiar tu percepción de los papeles de víctima/villano, y explicar dependencias mutuas o juegos de poder personales.

Observa cualquier cambio de humor significativo que se produzca durante el día. Durante una discusión o cuando alguien es objeto de críticas, un aura puede volverse significativamente más pálida o menos vibrante. El más débil de los dos o tres implicados puede ser un acosador psicológico encubierto, y puede estar haciendo que la otra persona se sienta culpable (cuidado con los verdes turbios alrededor de un vampiro emocional).

En ocasiones, la víctima puede estar extrayendo poder del tirano y estar colaborando inconscientemente con lo que ocurre. ¿Quién controla la interacción?

Puede utilizar las mismas formas de modificar el aura colectiva del lugar de trabajo o de las personas problemáticas en el trabajo que en el hogar y en las situaciones sociales.

CREANDO UN REFLEJO DEL AURA

Es posible que una persona refleje de forma deliberada el aura de otra o la energía general del aura sobre un panel de entrevistadores o un grupo de trabajo. Se trata de una táctica útil, que se puede adoptar en entornos sociales o en el lugar de trabajo.

A medida que las auras se mezclan, la otra persona o grupo se relajará, al sentir cada vez más que tú eres uno de ellos. Reaccionarán más positivamente a tus sugerencias y, de hecho, a tu propia presencia.

Dirige la mirada hacia la persona cuya aura deseas reflejar o hacia un miembro representativo de un grupo de entrevistadores o de un consejo de administración.

Céntrate en lo que parece ser el color o colores predominantes del aura anímica o la faceta de la personalidad que se proyecta. Puede ser un amarillo lógico y frío; un azul intenso y potente (en este caso, haz el tuyo ligeramente más pálido para que no suponga un desafío); o un verde intenso, bueno para ganarse las simpatías.

Luego habrás de representarte su color de aura predominante sobre el tuyo, de manera temporal.

Mientras miras hacia la persona objetivo, siente cuánto te agrada y lo mucho que empatizas o conectas con su punto de vista.

Realízalo, con lentitud, en el ojo de tu mente, a partir de los rayos objetivos del color de su aura, con los labios ligeramente separados en cada inspiración, y exhala cualquier aversión o duda en forma de niebla pálida.

Persevera, hasta que sientas que el color de tu aura cambia para reflejar el del objetivo elegido.

En el próximo capítulo abordaremos la cuestión del aura de las mascotas y cómo podemos mejorar su bienestar sanando dichas auras.

❖ 8 ❖

LAS AURAS DE
LOS ANIMALES
DE COMPAÑÍA

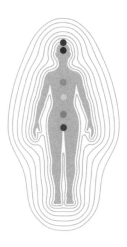

L OS ANIMALES, AL IGUAL QUE LAS PERSONAS, TIENEN
auras que les son propias. Leer y comprender el aura de tu mascota
te ayudará a anticipar los estados de ánimo y las necesidades de un
animal, y a minimizar los problemas con su comportamiento.

La información que obtengas sobre el aura también te ayuda a elegir la
mascota adecuada en una camada o una protectora de animales.

IDENTIFICANDO LAS CAPAS DEL AURA ANIMAL

Las auras de los mamíferos y animales de compañía difieren de las de los humanos, ya que constan de tres o cuatro capas, formando una elipse horizontal
alrededor del cuerpo. Estas capas del aura progresan hacia el exterior, rozando
la capa más interna de la especie, sea el pelaje o las plumas.

Las tres capas principales del aura de un animal (aura de la especie, la
anímica y la de la personalidad) están en relación con los tres chakras más

activos del animal: el raíz, el sacro y el plexo solar, respectivamente, que son las tres capas más internas del ser humano.

Además, cada criatura cuenta con pequeños chakras sensoriales que absorben información, en cada pata o garra, así como en la punta de las orejas, alrededor de la nariz, sobre cada ojo y en las alas y plumas de la cola de las aves, que activan el aura propia de la especie como para luchar o huir.

Los peces, reptiles e insectos, por su parte, tienen una sola capa de aura.

OBSERVANDO EL AURA DE LOS ANIMALES

En los animales salvajes y de compañía, la franja más interna sigue de cerca los contornos del cuerpo, en tanto que las otras dos capas se vuelven menos definidas según se alejan del pelaje o las plumas. Cuando la mascota está en movimiento, enfadada o excitada, el aura se dispara en todas direcciones, especialmente desde la capa anímica, que llega a enmascarar a las demás de manera temporal. Si una criatura intenta dominar a su dueño o a otras mascotas, el aura de personalidad puede cubrir las otras capas.

En las criaturas sanas y felices, la capa de la personalidad se encuentra con el cosmos y el aura entera se extiende aproximadamente a la misma distancia del cuerpo, en todas las direcciones, que la longitud desde la pata delantera hasta la pata o la garra y, en criaturas con patas largas, entre un tercio y la mitad de esa distancia. Se puede sentir de la misma manera que se hace con el aura humana (véase el capítulo 3, página 45).

Para poder observar todas las capas del aura, espera a que el animal esté relajado, entrecierra los ojos y deja que estos se enfoquen suavemente, tal como hiciste para observar las siete bandas del aura humana.

LA FRANJA DEL AURA DE LAS ESPECIES

El color de la especie es común a las criaturas de esa misma especie.

La franja de la especie es más fuerte alrededor de las patas o garras, la espalda y los genitales, y es ondulada. Puede parecer unida al pelaje o a las plumas.

El chakra raíz potencia de forma directa el aura de la especie.

El aura de especie está relacionada con las necesidades físicas y los impulsos reproductivos básicos, así como con los instintos territoriales. Esta aura es más fuerte en animales salvajes con poco contacto con humanos y más débil en mascotas urbanas que pasan la mayor parte del tiempo dentro de casa o son mimadas.

El aura anímica

Forma la capa intermedia, es la más volátil y está en constante movimiento con destellos y centelleos. Se corresponde con el chakra sacro. El aura anímica ofrece una clave de los sentimientos y necesidades de la criatura, y constituye un sistema de alerta temprana si un animal está celoso por culpa un recién llegado o se prepara para una pelea.

El aura de la personalidad

La banda de personalidad, la capa más externa del aura, permanece relativamente constante a lo largo de la vida de la criatura. Si un animal ha resultado traumatizado por malos tratos o abandono, ondas turbias oscuras oscurecen el aura natural de la personalidad.

El aura temperamental está regida por el chakra del plexo solar y determina la fuerza del carácter de una mascota y su idiosincrasia. El color de la personalidad es fuerte alrededor de la parte superior del estómago y los hombros, con una textura mate suave, que se ve cuando la mascota está relajada o dormida.

El aura del alma

Las criaturas inteligentes, con fuertes vínculos telepáticos con sus dueños, o que trabajan como perros de ayuda a discapacitados, o como animales de rescate, tienen una capa aural adicional. Dicha capa corresponde al chakra del corazón y es más visible alrededor del corazón, la cabeza y los hombros. Los colores pueden ser el turquesa o el morado, y se manifiesta como una capa etérea más allá del aura de la personalidad.

LOS COLORES DEL AURA EN UN ANIMAL
Rojo

AURA DE ESPECIE: El rojo no es el aura de las mascotas, salvo que se trate de un gato adoptado que haya vivido en libertad, una camada de perros callejeros asilvestrados o de un semental criado entre animales sin domesticar. El rojo se ve alrededor de tiburones y orcas, y de todos los animales depredadores, especialmente los felinos de la selva, los toros, los carneros y las aves de rapiña.

AURA TEMPERAMENTAL: El rojo brillante es un signo de buena salud y muestra necesidad de ejercicio o actividad estimulante, lo que es bueno antes de que un animal participe en una competición. Si el aura es de color rojo áspero o metálico, tu mascota se siente agresiva y puede atacar a otro animal o persona, aunque de habitual sea dócil. Un aura escarlata intermitente delata a una criatura que está lista para aparearse.

AURA DE PERSONALIDAD: Un aura de personalidad roja denota intrepidez y disposición para la acción. Un aura roja dura indica agresividad innata y un aura roja apagada indica irritabilidad o brusquedad. Aunque sea pequeña, la criatura con un aura de personalidad roja será muy territorial y estará dispuesta a atacar incluso a criaturas más grandes.

Naranja

AURA DE ESPECIE: Las especies independientes que viven separadas de los humanos y no dependen de ellos salvo para alimentarse suelen tener auras de especies naranjas. Entre ellas se incluyen los ciervos, liebres, zorros, jabalíes y gatos monteses, así como criaturas fieles cuya pareja ha muerto, tales como cisnes, caballos y gibones.

AURA TEMPERAMENTAL: Un aura naranja claro denota un animal seguro de sí mismo, pero al que no le gusta que le acaricien. Es un color común entre los gatos, y los que tienen un aura temperamental naranja pueden ser posesivos con los juguetes y sus áreas de descanso. Un aura naranja oscuro aparece en animales que sufren las travesuras de los niños pequeños. Un aura naranja pálido indica un animal acosado por otras mascotas. Un naranja brillante indica que su mascota tiene ganas de escapar.

AURA DE PERSONALIDAD: Un aura de personalidad naranja caracteriza a las mascotas de cualquier especie que son solitarias por naturaleza y dan amor a su dueño en sus propios términos. No se les puede sobornar, son felices en su propia compañía y no les importa que los dejen solos mientras estás en el trabajo.

Amarillo

AURA DE ESPECIE: Los animales inteligentes que se comunican directamente con los humanos —perros, caballos, gatos, periquitos y loros— suelen tener un aura amarilla. También se incluyen entre ellos las criaturas que viven en grupos familiares, como son los gorilas, los orangutanes y los chimpancés.

AURA TEMPERAMENTAL: Un aura de temperamento amarillo claro muestra que es un buen momento para entrenar a un animal, especialmente mediante órdenes. El amarillo mostaza sucio indica celos, si es que un nuevo humano o mascota ha entrado en casa.

AURA DE PERSONALIDAD: Una criatura con un aura de personalidad amarilla es fácil de entrenar, pero se aburre con facilidad, y es buena compañía si vives solo. Estas criaturas prefieren a los adultos antes que a los niños.

Verde

AURA DE ESPECIE: Los animales de cualquier especie domesticada que son de natural fieles y cariñosos con sus dueños pueden tener un aura de especie verde. Se incluyen los animales que forman rebaños y las criaturas acuáticas.

AURA TEMPERAMENTAL: Un aura de temperamento verde refleja unas relaciones relativamente estables y afectuosas entre el dueño y la mascota, que se intensifican cuando aquel le acicala o le da caricias, y palidecen si te sientes triste, ya que el animal sintoniza con tus emociones.

AURA DE PERSONALIDAD: El verde brillante delata a una mascota que te quiere incondicionalmente, pero a la que no le gusta quedarse sola demasiado tiempo. Un aura verde pálido indica que una mascota suspira por un familiar o animal ausente. El verde turbio muestra que el animal es posesivo con respecto a su dueño.

Azul

AURA DE ESPECIE: El aura de especie azul no suele verse en los animales domésticos. Caracteriza principalmente a las especies sabias, como son los elefantes, delfines y ballenas, así como a las cigüeñas, grullas, flamencos, garzas y otras aves altas y gráciles. El aura de las águilas y los halcones también puede teñirse de dorado, mientras que alrededor de las bandadas de aves en vuelo y de los bancos de peces marinos pueden aparecer vetas de azul plateado.

AURA TEMPERAMENTAL: Cuando el aura del animal es clara o azul cielo, esa mascota anticipará tus pensamientos no verbalizados, pero no estará de humor para brusquedades. El azul oscuro indica que no es momento de introducir cambios en las rutinas, de llevarlo al veterinario o de hacer una salida importante.

AURA DE PERSONALIDAD: Las auras azul celeste o turquesa en cualquier criatura delatan un alma sabia, sintonizada con las necesidades de los humanos y capaz de realizar tareas complejas para propietarios discapacitados. Este color puede aparecer en el aura anímica. La mascota con un aura de personalidad azul tiene que ser la mascota alfa o la única en un hogar. Un aura azul oscuro muestra amor por la rutina y por estar bien cuidado.

Púrpura (incorpora índigo y violeta)

AURA DE ESPECIE: El aura de especie púrpura caracteriza a los gatos y caballos de naturaleza muy aristocrática (no necesariamente los que tienen pedigrí), las mariposas, los monos pequeños (como los titíes y los monos tamarindos), las chinchillas y las aves exóticas (como los canarios, los periquitos, las aves del paraíso y los pájaros sol).

AURA TEMPERAMENTAL: Si el aura temperamental de un animal se vuelve repentinamente púrpura brillante y el animal parece estar mirando atentamente algo que tú no puedes ver, puede estar captando la presencia amistosa de una mascota anterior o de un pariente cariñoso fallecido. El púrpura pálido indica que tu animal de compañía puede necesitar cuidados cariñosos y un descanso.

AURA DE PERSONALIDAD: Clarividente y mística, cualquier mascota con un aura de personalidad púrpura tiene fuertes vínculos telepáticos contigo y será ella la que te habrá elegido. Cuando el aura de tu mascota se torna púrpura pálido, es posible que haya decidido seguir su camino. Este es otro color que puede aparecer en el aura del alma. Si a tu mascota de aura púrpura no le gusta un extraño, ten cuidado con este.

Rosa

AURA DE ESPECIE: Las hembras de todas las especies muestran suaves auras rosadas cuando están preñadas, dando a luz o cuidando de sus crías. Los conejos, cobayas y otros pequeños animales de compañía también suelen mostrar de forma permanente esta aura, especialmente las hembras.

AURA TEMPERAMENTAL: Al igual que ocurre con el verde, un aura de humor rosa claro se ve a menudo en una mascota bienamada, especialmente en los ambientes familiares. El color irá en aumento cuando te sientas solo y poco querido, ya que tu mascota te envía ondas de amor.

AURA DE PERSONALIDAD: Un aura de personalidad de color rosa claro confirma, tanto en los machos como en las hembras, la paciencia y la dulzura con los niños pequeños y otros animales. Una mascota con esta aura de personalidad cuidará de aquellos que estén abandonados. Sería un compañero animal ideal para una persona enferma o que vive sola. Una mascota con un aura rosa pálido puede resultar pegajosa y excesivamente ansiosa.

Marrón

AURA DE ESPECIE: El marrón debe estar presente en el aura de especie de todas las mascotas animales, incluso las de ciudad; su ausencia puede revelar que los animales están perdiendo el contacto con sus instintos naturales y se están domesticando en exceso. El marrón dorado aparece en criaturas que pasan horas al aire libre, en animales de trabajo, burros, gatos de campo y cerdos y aves de corral criados en libertad. El aura de esta especie se observa entre los animales que viven en manada, como los lobos, alrededor de los osos, en las colonias de conejos salvajes y alrededor de las abejas de colmena y los pájaros de jardín. El marrón arena se observa aureolando a lagartos, serpientes y reptiles.

AURA TEMPERAMENTAL: Un aura temperamental de color marrón claro o intenso, signo de satisfacción, se observa con mayor frecuencia cuando una mascota está al aire libre, divirtiéndose. El marrón pálido indica que la criatura necesita más contacto con la naturaleza. Un aura marrón apagada en un animal añoso significa que la criatura necesita paz y tranquilidad.

AURA DE PERSONALIDAD: Un tono marrón claro indica buenos protectores. A la mascota le gusta vivir con una familia humana numerosa, incluidos los niños, y con otros animales de su misma especie. La mascota también disfruta en cualquier hogar donde la familia o el propietario pasen mucho tiempo al aire libre.

Gris

AURA DE ESPECIE: El gris se asocia con los animales domésticos tímidos; hámsteres, jerbos, roedores en general, ardillas listadas, tortugas y galápagos; todas las criaturas nocturnas o excavadoras, tales como tejones, erizos y topos; así como con las polillas y la mayoría de los insectos.

AURA TEMPERAMENTAL: Un aura temperamental gris indica que estamos ante una criatura temporalmente ansiosa o confusa. Un aura brumosa puede indicar que tu animal tiene otro hogar o quien le dé de comer.

AURA DE PERSONALIDAD: Sea cual sea la especie, una criatura gris estará más feliz y animada por las noches, buscando constantemente escondites y almacenando comida. Los que tienen un aura de personalidad gris no suelen ser adecuados como animales de compañía.

Negro

AURA DE PERSONALIDAD/ TEMPERAMENTAL: Se observa alrededor de criaturas viejas y enfermas que se van despegándose poco a poco de la vida, así como en animales que han sido abandonados o tratados cruelmente. Si un animal muestra un aura áspera, metálica o negra y dentada, es mejor dejarlo en un refugio o que lo adopte un dueño que pueda prodigarle grandes cuidados.

USANDO CRISTALES PARA MANTENER LA SALUD DEL AURA DE TU MASCOTA

En el caso de los animales domésticos, el tratamiento de las auras en conjunto suele ser más fácil y eficaz, ya que todas están estrechamente interconectadas. Sin embargo, puedes utilizar cristales antídoto de las formas que se sugieren a continuación, para problemas específicos del color del aura, sustituyéndolos por los cristales genéricos que se especifican más adelante.

Para mantener la salud del aura de una mascota y mejorar un aura apagada, coloca cuatro ágatas arbóreas o musgosas, o pequeñas cuentas de jade debajo de la cama de la mascota, en las esquinas del establo o donde duerma de manera habitual el animal. Dale de beber a tu animal o pájaro agua en la que se haya sumergido durante la noche una piedra de jade o, en el caso de un animal muy estresado, una cuenta de amatista.

Una vez a la semana, cuando tu mascota esté descansando, refuerza su campo aural y elimina los excesos de energía haciendo girar en el sentido de las agujas del reloj unos centímetros sobre ella un citrino amarillo brillante o un cristal de cuarzo transparente, sostenido en tu mano dominante, y un cuarzo rosa suave o cualquier calcita en la otra mano, en sentido contrario a las agujas del reloj.

Mueve los cristales alrededor de toda la zona del aura, en espiral hacia dentro y hacia fuera, de modo que roce su pelaje y luego hacia fuera hasta casi la misma distancia que haya de la mitad de la pata delantera hasta la pata o la garra. En criaturas con patas largas, la distancia debe ser de un cuarto a un tercio de esta longitud.

Envía energías de respiración de color a las mascotas cuyas auras estén pálidas o parpadeen, lo que delata ansiedad, sosteniendo un cristal o cristales del color apropiado en la mano abierta y ahuecada, respirando el color y exhalándolo suavemente hacia el animal.

Una manera alternativa de limpiar y curar el aura de tu mascota

Comienza acariciando a tu mascota en el lomo y la cabeza muy lentamente, con las yemas de los dedos de tu mano dominante. Mueve la mano unos centímetros por encima del pelo o la piel y, con ambas manos, sigue acariciando a la mascota con suaves movimientos rítmicos, sin tocar su pelo, sino el aire que le rodea, siguiendo los contornos de su cuerpo. Aleja tus manos progresivamente, centímetro a centímetro, siguiendo la línea aproximada de su cuerpo, hasta que sientas que la conexión ha cesado. Este es el borde exterior del aura.

Sigue moviendo los dedos suavemente desde los límites más externos del aura hacia dentro, hacia el pelaje, y de nuevo hacia fuera.

Tus manos se demorarán, de forma espontánea, más tiempo en ciertas zonas o volverán a puntos específicos. Podrás sentir cómo se desenreda si topas con un nudo. Tus manos se ralentizarán espontáneamente cuando finalices la limpieza, lo que normalmente te llevará entre cinco y quince minutos.

En el último capítulo, trabajaremos con el sellado y la protección de tu aura y la de tus mascotas, para que tanto ellas como tú estéis totalmente alerta pero protegidos contra las influencias negativas.

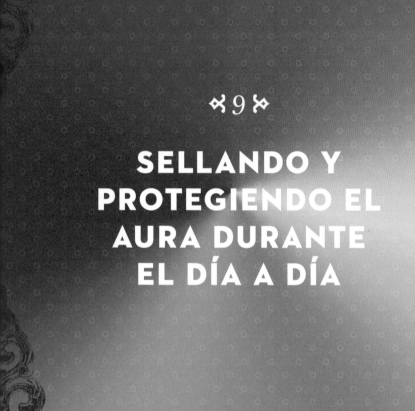

✥ 9 ✥

SELLANDO Y PROTEGIENDO EL AURA DURANTE EL DÍA A DÍA

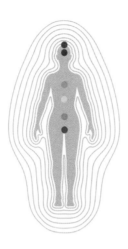

S ELLAR TU AURA, TRAS HABERLA LIMPIADO Y POTEN-
ciado, permite que las energías positivas entren en la misma y
expulsen la negatividad y el indeseable estrés de tu vida diaria. Con
el paso del tiempo, la negatividad y el estrés pueden acabar minando tu salud
y tu bienestar.

SELLAR EL AURA CON LUZ

Siéntate o ponte de pie con las manos separadas unos 5-8 cm, con las palmas
verticales y enfrentadas.

Junta las palmas de las manos hasta que casi se toquen y, a continuación,
vuelve a moverlas lentamente hacia el exterior, unos 5-8 cm, manteniéndolas
siempre en posición vertical.

Repite este movimiento gradual, de las palmas de las manos, hacia dentro
y hacia fuera, disminuyendo progresivamente la distancia entre ellas cada vez
que las mueves hacia fuera y vuelves a acercarlas.

Tus manos se volverán más pesadas, se sentirán atraídas como imanes y estarán bastante pegajosas debido fusionarse las energías del aura de ambas manos.

Podrás notar un brillo blanco plateado alrededor de cada mano, a medida que se vaya haciendo progresivamente más difícil separarlas.

Cuando las palmas de las manos no estén separadas más de 2 centímetros, levanta las manos y los brazos por encima del centro de la cabeza, hasta donde sientas los límites exteriores del aura. Este borde exterior del aura recién limpiada y energizada será tan brillante y vibrante que resultará difícil no verlo.

Forma una taza sobre la cabeza con las manos, con las palmas hacia abajo y los dedos juntos, alrededor del borde exterior del aura.

Recorre con lentitud los contornos del borde exterior, dejando que cada mano se mueva espontáneamente, a la par, por los costados de su cuerpo. Puede que sientas presión, como si el contorno del aura se solidificara.

Inclínate con naturalidad, como si dibujaras una elipse a cada lado de tu cuerpo, siguiendo el límite exterior del aura como con un lápiz invisible, y termina delante de tus pies.

Por último, agita los dedos alrededor de la cabeza y los hombros, manteniendo la misma distancia entre los brazos, y verás o percibirás chispas o estrellas plateadas que perfilan el aura.

Una suave luz plateada fluirá hacia el aura, alrededor de todo tu cuerpo: por delante y por detrás, y de la cabeza a los pies.

Para acabar, pasa las manos a un palmo de distancia por ambos lados del cuerpo y luego por delante, como si estuvieras cepillando cualquier exceso de energía del aura con un cepillo para el pelo.

Lleva después estas energías invisibles del aura al suelo.

Después, mantén brevemente las manos sobre una vela (¡no demasiado cerca!) o a la luz del sol, para limpiarlas. Puedes hacer el cepillado del aura en cualquier momento del día, si alguien te ha hecho sentir incómodo acercándose demasiado a tu espacio del aura.

Cepilla la energía del aura no deseada y tírala al suelo, o haz una bola imaginaria con ella y tírala por la ventana o incluso a la papelera. Esta es una forma de eliminar simbólicamente las energías no deseadas de tu espacio.

Sella el aura de tu mascota

Después de curar, limpiar o potenciar el aura de tu mascota, ponte de pie, siéntate o arrodíllate de modo que quedes frente a tu mascota.

Mantén las manos durante uno o dos minutos sobre una planta verde o flores amarillas de una maceta, con las palmas hacia dentro y los dedos juntos, hasta que sientas un hormigueo en los dedos.

Ahora mueve las manos, con las palmas hacia dentro, una hacia la otra y de nuevo hacia fuera, a uno o dos centímetros (2-5 cm) de distancia, acercando cada mano a la otra, hasta que sientas que la fuerza aumenta, esta vez imaginando la rica luz verde y marrón dorada de la naturaleza fluyendo en y alrededor de las puntas de tus dedos.

Cuando tus manos casi se toquen, mantenlas estiradas frente a ti, con los dedos dirigidos hacia tu mascota.

Imagina luz verde y dorada fluyendo de tus manos hacia el cuerpo de la mascota y derramándose por el campo energético a través de las tres o cuatro capas, para sellar y proteger el aura de tu mascota con amor.

UN ESCUDO DE AURA DORADA PARA LA PROTECCIÓN FÍSICA, EMOCIONAL Y ESPIRITUAL

Normalmente, el sellado del aura mantiene a esta a salvo. Sin embargo, si estás sometido a mucho estrés externo o sientes que sufres un ataque psíquico o psicológico, un «escudo dorado» repelerá todo posible daño, procedente de cualquier fuente o de cualquier tipo, y te hará sentir confiado y capaz de enfrentarte a cualquier cosa.

Una vez creado, el aura o escudo energético puede activarse instantáneamente en cualquier entorno o circunstancia.

A veces te encontrarás con una persona abrumadoramente negativa o tan consumida por sus propias y arraigadas creencias que te darías de cabezazos contra un sólido muro del aura si intentaras modificar su estado de ánimo o su enquistada personalidad. En tal caso puede que necesites proteger tu propia aura.

CREANDO TU ESCUDO DORADO DE ENERGÍA PSÍQUICA

Solo necesitas renovar la fuerza de tu escudo cada tres meses más o menos, a menos que hayas estado bajo un fuerte ataque. De ser así, vuelve a crearlo cada semana o cada mes hasta que pase el peligro o la podredumbre en cuestión.

Creando un escudo de aura dorada para protegerse

El plexo solar, que está situado alrededor del centro de la parte superior del estómago, donde termina la caja torácica, da poder a la tercera capa mental del aura. Es la fuente vital de energía del escudo dorado y de tu sol interior, y puede protegerte de cualquier daño.

Mueve la mano, con la palma vuelta hacia el interior, alrededor del centro de la parte superior del estómago y experimentarás gradualmente una sensación parecida a la de sostener la mano sobre una bañera que se está vaciando.

Retira la mano cuando sienta hormigueo.

Ahora, conéctate físicamente con el color dorado. Sujeta un pendiente o un anillo de oro, o mira fijamente una fuente de color dorado, como por ejemplo un plato dorado lleno de fruta dorada, un cristal dorado como la calcopirita o el ámbar, un trozo de lámina de oro o una vela dorada encendida.

Cierra los ojos e imagina el oro inundando tu visión interior y entrando en tu cuerpo por todos los poros.

Mantén los ojos abiertos, mirando fijamente el oro, y luego ciérralos hasta que no puedas ver nada más que oro en tu mente y sientas el oro líquido caliente entrando en tu cuerpo.

Después, con los ojos abiertos para conectar con la fuente de oro, imagina la luz dorada fluyendo hacia abajo en tu cuerpo, a través de la coronilla. Esto se llama a menudo la «luz del arcángel Miguel».

Al mismo tiempo, visualiza ricas corrientes doradas subiendo por tus pies desde la Madre Tierra, que es la fuente del oro físico, arremolinándose en tu plexo solar e iluminando tu sol interior.

Siéntate, observa tu fuente externa de oro y deja que la luz dorada fluya dentro de ti y alrededor de tu aura.

Cuando te sientas brillar por dentro, di tres veces: «Soy oro puro».

Ahora vamos a utilizar este cuerpo interior de oro para crear un escudo defensivo alrededor de tu aura, irradiando hacia el cosmos.

Siéntate manteniendo los dedos y las palmas de las manos en vertical y casi tocándose. Luego, sepáralas rápidamente.

Ya has hecho esto antes, pero ahora pasarás a la siguiente etapa en la manipulación de las energías del aura. Continúa moviendo tus manos, juntándolas y separándolas, más y más lentamente cada vez, juntas y separadas, pero sin que lleguen a tocarse, hasta que, en esta ocasión, puedas ver y sentir la energía dorada como una bola de luz con chispas doradas formándose alrededor de tus manos.

Genera una bola de energía con esta sustancia invisible, pegajosa y dorada entre tus manos, como si estuvieras enrollando entre tus manos una bola de arcilla muy pegajosa, haciéndola de cualquier tamaño, desde una pelota de tenis hasta un pequeño balón de fútbol.

Cuando puedas sentir plenamente su redondez y firmeza, apoya esa bola invisible contra tu plexo solar y empezarás a ver y/o sentir el oro interior de tu sol interior llenando la bola.

Con los ojos cerrados, gira psíquicamente la bola invisible entre tus manos hasta que percibas que está completa y resplandeciente de color dorado.

Creando el Escudo de Oro

Sin soltar la bola de energía, siéntate con las rodillas juntas, alza los brazos por encima de la cabeza formando un arco y levanta la bola de energía hasta que quede a un palmo por encima de la cabeza.

Hunde tus dedos en las energías del aura, dentro de tu bola dorada, hasta que esta estalle y la sustancia dorada caiga como una cascada por tus costados, delante y detrás de ti, envolviéndote por completo y rodeándote hasta la distancia de un brazo extendido, lo suficientemente traslúcida como para que puedas ver a través de él. La sensación será semejante a como si te bañaran en agua dorada, cálida y brillante.

Gradualmente, ve y/o siente el caparazón de la esfera protectora endureciéndose en un oro iridiscente, mezclándose con un borde de nácar para que solo puedan entrar pensamientos amorosos procedente de los demás, en tanto que repela cualquier sentimiento negativo llegado de cualquier fuente.

Entonces, aplaude por encima de tu cabeza para completar el sellado.

Deja que el escudo dorado alrededor de su aura se desvanezca, pero sé consciente de que está ahí, en el fondo, esperando a que lo actives.

Activando el Escudo Dorado en caso de amenaza

Siempre que necesites tu escudo dorado, di para tus adentros: «Llamo a mi escudo dorado para que me proteja de todo daño» y, si lo deseas, pide al Arcángel Miguel que fortalezca tu escudo de los ataques destructivos.

Retirando el aura

Es posible que desees retirar tu aura cuando pretendas mantener un perfil bajo para evitar confrontaciones o peligros potenciales. Por ejemplo, si alguien está cansado o enfermo, su aura, naturalmente contraída, no está a más de una o dos pulgadas (varios cm) de la piel. Con la práctica, es posible, durante breves periodos, retirar el aura para que quede totalmente dentro del cuerpo físico. Esta es una buena técnica siempre que se desee o se necesite pasar desapercibido.

Silencia deliberadamente tus pensamientos para que tu aura no esté alimentada por la ansiedad o el miedo, que es algo así como poner un coche en punto muerto.

Si estás en un lugar oscuro, inspira la suave negrura por la nariz y, al inhalar, contrae y tensa los músculos, sintiendo cómo el aura se acerca a tu piel.

Exhala las dudas y los miedos en forma de luz roja intensa y relaja los músculos.

Sigue haciéndolo y, poco a poco, tu aura se contraerá. Continúa hasta que sientas un suave tirón, que habrá de producirse cuando tu aura se nivele con tu piel, como un paraguas que se pliega o una tienda de campaña que se vuelve a meter en su bolsa.

Respira suave, lenta y profundamente hasta que haya pasado el peligro o el miedo.

Cuando sea seguro, estira el cuerpo y agita los dedos para reactivar el campo normal del aura.

Creando un aura de grisura

Una alternativa es cubrir el aura con una niebla grisácea, cuando se está en una posición vulnerable o se desea no ser molestado. El gris enmascara las señales aurales que solemos emitimos cuando tenemos miedo o ansiedad.

Aunque puedes crear este escudo del aura con antelación, es posible que desees repetir los pasos de todo el proceso en tu mente, in situ, cuando te sientas amenazado, ya que es algo que resulta muy calmante.

Trabaja al atardecer, cuando anochezca, o en un día brumoso y apagado, y enciende una vela gris.

Siéntase en una posición cómoda y cierra los ojos. Utiliza tu pantalla psíquica interior para imaginarte la llama de la vela, como si tuvieras los ojos abiertos y la estuvieras mirándola directamente.

Respira lenta y uniformemente, profundamente, con toda la amplitud de tu caja torácica, y expulsa con un suspiro cualquier sensación de pánico, duda o miedo en concreto que te atenace.

En la pantalla interior, imagina los siete colores del aura que se arremolinan alrededor de tu cabeza y tu cuerpo, entrando en la llama de la vela y saliendo como niebla gris, de modo que apenas puedas ver la vela. Esta vez, el efecto escudo será como niebla gris, en lugar de una esfera sellada, como sucede con el escudo dorado.

Cuando ya no puedas ver la llama de la vela en la niebla, abre los ojos y sopla la llama real de la vela. Puede que veas o no el efecto de la niebla alrededor de la vela, pero eso no importa.

Enciende una o dos velas blancas para devolver la luz a tu aura.

Cada vez que te sientas amenazado, di para tus adentros, o en voz alta si estás solo: «Llevo el manto de la invisibilidad y por eso paso sin ser visto».

Puedes recrear esta aura de gris mensualmente o cuando lo necesites.

Cuando el peligro haya pasado, imagina que la niebla se dispersa y que tu aura vuelve a desplegarse y a brillar.

UN RITUAL ARCOÍRIS

He aquí un ritual para sintetizar todas las energías de tu aura y llenarla de color y luz. Coge siete velas pequeñas —roja, naranja, amarilla, verde, azul, índigo y violeta— y colócalas en círculo en ese orden.

Siéntate frente a las velas.

Enciende la vela roja, diciendo: «Rojo para la fuerza y el coraje, y para que mi aura se llene de alegría y armonía».

Enciende la vela naranja, diciendo: «Naranja para la confianza y para que mi aura se llene de alegría y armonía».

Enciende la vela amarilla, diciendo: «Amarillo para el poder, y para que mi aura se llene de alegría y armonía».

Enciende la vela verde, diciendo: «Verde para el amor, y para que mi aura se llene de alegría y armonía».

Enciende la vela azul, diciendo: «Azul para la abundancia, y para que mi aura se llene de alegría y armonía».

Enciende la vela índigo, diciendo: «Índigo para la sabiduría, y para que mi aura se llene de alegría y armonía».

Enciende la vela violeta, diciendo: «El violeta trae síntesis, y así mi aura se llena de alegría y armonía».

Cuando estés listo, apaga cada vela en orden inverso al encendido, diciendo para cada una: «Ahora mi aura está llena de la alegría del arcoíris».

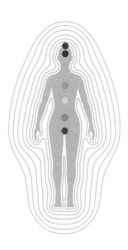

SOBRE LA AUTORA

Cassandra Eason es una autora y locutora internacional, que habla sobre los diversos aspectos de los cristales, el folclore, la sabiduría celta, la wicca, los lugares sagrados, las energías de la tierra, las adivinaciones y la magia natural. Ha estudiado las interacciones del aura durante más de veinticinco años, ha escrito varios libros y, ha impartido cursos sobre las auras y ha enseñado a personas de todo el mundo a interpretar y sanar sus auras.

Utiliza la lectura del aura como parte de sus consultas habituales con los clientes.

Cassandra ha publicado más de ochenta libros sobre diferentes aspectos de la curación, la magia, la adivinación y el trabajo energético, entre los que cabe citar *The Complete Crystal Handbook* y *A Spell a Day*.

ÍNDICE TEMÁTICO